L'ENTREE
DE
LA REINE
A LYON
le III. decembre
M.D.C.
Par Thibaud Ancelin
Imprimeur ordinare
du Roy.
Auec priuilege

L'ENTRE'E DE TRES-GRANDE, TRES-CHRESTIENNE, ET TRES-AVGVSTE Princesse

MARIE DE MEDICIS REINE DE FRANCE & de Nauarre.

EN LA VILLE DE LYON,

LE III. DECEMB. M.D.C.

A LA REINE.

MADAME,

Comme vous estes en merite autant qu'en grandeur, hors le pair de toutes les Princesses du monde, aussi estes vous seule semblable à vous mesmes, & n'y à rien qui egale vos perfections, ny qui en puisse representer les merueilles. Les Assyriens ne donnoient point de statuë au Soleil, par-ce qu'il se monstre mieux de soy-mesmes, il n'en faut point à vne grande Reine qui ne reluyt & ne paroist que par sa *propre gloire, n'a plus grand theatre que sa Majesté. Pource Madame ie n'ay pas entrepris en offrant à vos victorieuses mains ceste description de monstrer ce que vous estes, l'entreprise seroit temeraire, l'effect estant impossible, sinon qu'on peut cōprendre l'infiny par le finy, la clarté par les tenebres. Ce n'est qu'vn esclair du feu d'allegresse qui esclairoit sur le front de vostre ville de Lyon à vostre entrée, vn petit rayon de la lumiere de vostre Majesté qui l'allumast, l'ombre d'vn tableau où la verité par des mortes couleurs a pourtrait l'immortelle reputation, le grand heur, & la grandeur de vostre maison, vne premiere preuue à V. M. & la troisieme au ROY du deuoir, de l'affection, de la tres-humble, tres-entiere seruitude & obeïssance* DE MATTHIEV.

*E ciel de deux fleurs n'en faict qu'vne,*
Et donne au gré d'vn ferme amour,
A deux corps vne ame commune:
De ces deux fleurs il faut attendre
Vn fruict qu'on verra quelque iour,
Outre les autels d'Alexandre.

AVX LECTEVRS.

INspirez les faueurs & retenez les rigueurs de voſtre iugement ſur ce liure, le conſiderant plus par ſon eſtoffe que par ſa façon. Ce n'eſt pas vn ouurage d'vne laborieuſe preparation, il a eſté acheué en le commençant. Si vous y trouuez quelque choſe à voſtre gré, & qui merite de ſçauoir d'où il vient, comme volontiers on s'informe ou croiſſent les fruicts agreables à la veuë ou au gouſt, l'Autheur n'ayant rien en luy digne d'eſtre imité, ne ſe ſoucie d'eſtre cognu. A Dieu.

L'entreé en la ville de Lyon de tresgrande tresauguste et treschrestienne Princesse,
Marie de Medicis Reine de France et de Navarre le III Decembre MDC.

DECLARTION DE LA FIGVRE.

PRIVILEGE.

SVIVANT le Priuilege que le Roy à donné à l'Autheur au mois de Septembre, de l'année 1595. d'Imprimer & faire Imprimer ses escrits par tel Libraire qu'il luy plaira choisir : Et defences à tous autres de l'Imprimer, vendre, ny distribuer en son Royaume, à peine de cinq cens escus, & de confiscation desdits Liures : Iceluy à permis à THIBAVD ANCELIN Imprimeur de sa Majesté en la ville de Lyon, d'Imprimer la Description des honneurs, pompes, & triomphes dressez à l'Entrée de la Royne en ladite ville.

DESCRIPTION DE L'ORDRE ET DE L'APPAREIL DRESSÉ POVR L'ENTREE DE la Royne à Lyon.

SI les desirs peuuent finir en ce monde, il ne restoit à la France autre chose à desirer apres le Phenix de la paix tiré de ses propres cendres que le mariage du Roy, auec la Serenissime Princesse Marie de Medicis, fille de François Grand Duc de Toscane, & de Ieanne d'Austriche fille de l'Empereur Ferdinand. Cela seulement manquoit à la perfection de ses felicitez, sans cela ses plus beaux iours sembloient tenebres, ses prosperitez encombres, la Paix n'estoit qu'vne guerre endormie, sa vie vne viuante mort. Ce second bon-heur estoit necessaire pour affermir & asseurer les premieres & miraculeuses faueurs que ce Royaume a receu du Ciel.

Ce mariage traicté & conclu heureusement par l'entremise de Monsieur le Cardinal d'Ossac,& Monsieur de Sillery Ambassadeur pour S. M. à Rome,tenoit toute la France en des desirs extrémes pour en voir la consommation,elle adoroit ce iour en son Aurore, ne pouuant croire que le tonnerre des canons du Roy bruyant par les Alpes ne le troublast.

Mais on peut dire de ce grand Roy (auquel desormais la fortune s'est renduë tributaire, ne tornãt sa rouë qu'à ses ressorts,) ce que la Grece dict autres-fois d'Alexandre, qu'autre que luy ne peut messer la feste parmy la guerre, les expeditions militaires parmy les jeux, les nopces & les chants d'Hymenée parmy les assauts & sieges des villes, & les plus furieux exploits de ses armes. En la plus grande ardeur de la guerre de Sauoye il enuoya Monsieur de Belle garde, son grand Escuyer à Florence

rence pour ratifier les promeſſes de ſon mariage, & les ſtipuler par paroles de preſent en ſon nom.

Sur la nouuelle de l'embarquement de ſa Majeſté à Libourne, il pourueut à ſa reception à Marſeille, en donna l'ordre à Monſieur le Duc de Guyſe, Gouuerneur de Prouence. Madame de Nemours y alla, & auec elle Madame de Guiſe, Madamoiſelle ſa fille, Madame la Ducheſſe de Ventadour. Il y enuoya Monſieur le Conneſtable, Monſieur le Chancelier, les deux premieres lumieres & premiers Officiers de ſa Coronne, Monſieur de Meſſe, Monſieur de Freſne Secretaire d'Eſtat, & par ſon cõmandement s'y trouuerent Meſsieurs les Cardinaux de Ioyeuſe, de Gondy, de Giury, de Sourdy, aſsiſtez de dix Eueſques.

Elle entre le Vendredy troiſieſme Nouembre, en ce premier port de la Mer Mediterranée auec dixſept Galeres, la ſienne eſtoit Royalement belle, & telle que la Mer n'auoit porté de long temps vne plus riche ny plus ſuperbe charge. Elle ne parloit pas comme la carene de la nef d'Argo, mais elle n'auoit rien qui ne donna ſujet de parler, d'admirer ſa beauté, & ſon enrichiſſement. Que ſi Athenée à ſi curieuſement repreſenté celle de Hieron & de Ptolomée Philadelphe, Pauſanias celle de Delos, Diodore Sicilien, celle de Seſoſtris, & nos Hiſtoriens celle du Pape Clement VII. qaand il amena la Royne Catherine ſa niepce à Marſeille, on n'eſtimera iamais inutile ny vaine la deſcription de ceſte Galere. Elle eſtoit de la longueur de ſeptante pas, & de vingt ſept rames de chaſque coſté, dorée par tout, ce qui ſe pouuoit voir au dehors. Le bois de la poupe eſtoit marqueté de cannes d'Inde, de Grenatines, d'Ebene, de Nacre, d'Iuoire & pierre bleuë. Elle eſtoit couuerte de vingt grands cercles de fer doré, croiſez & enrichis de pierreries & de perles, auec vingt groſſes Topaſes & Eſmeraudes. Au dedans vis à vis du ſiege de la Royne eſtoient eſleuées les armes de France en fleurs de Lys de Diamant, & à coſté celles du grand Duc en

cinq

cinq grands Rubis auec vn Saphir de la grosseur d'vne bale de pistolet, auec vne grosse perle au dessus, & vne grande Esmeraude au dessouz. On estimoit ces armes septante mil escus. Entre ces deux armoiries deux croix de Rubis & de Diamans. Les vitres tout autour estoient de Cristal; les rideaux de drap d'Or à franges. Les chambres de la Galere tapissées de mesme.

Sortant de sa Galere, sa Majesté entra sur le theatre dressé sur deux batteaux au bout d'vn pont qui tenoit iusques à son Palais. Monsieur le Chancelier se presenta pour luy dire le commandement qu'il auoit du Roy. Quatre Consuls de Marseille habillez de leurs robes rouges luy presenterent les clefs de la ville auec vn poyle de drap d'argent, souz lequel elle fut conduite au Palais, ayant autour d'elle Messieurs les Cardinaux, deuant elle Monsieur le Connestable qui la conduisoit, les Princesses, Madame la Chancelliere & autres grandes Dames apres.

L'vne des plus remarquables actions de

ſon ſejour à Marſeille, ſe fit le lendemain de ſon arriuée. Monſieur le Chancellier accompagné de Meſsieurs du Conſeil, ſuiuy de pluſieurs Maiſtres des Requeſtes, & les premiers Officiers de la Chancellerie vint à la grande ſale du logis du Roy. La Royne y arriuat conduite par Monſieur le Conneſtable, Madame la grãde Ducheſſe conduite par Monſieur de Guyſe, Madame la Ducheſſe de Mantouë par Monſieur le Grand. La Cour de Parlement de Prouence luy fit la reuerence & la proteſtation d'obeïſſance, Monſieur du Vair premier Preſident harangua auec tant de grace & d'excellence, que ſi les plus belles actions de l'eloquence ſont conſiderées par l'approbation des auditeurs, la ſienne eſt hors de toute comparaiſon.

Au partir de là fuſt preſenté à la Royne de la part du Roy vn Carroſſe couuert de velours tanné, auec du clinquant d'argent, le dedans de velours incarnat en broderie d'or & d'argent, les rideaux de damas incarnat tiré par quatre cheuaux gris.

Elle

Elle ſejourna à Marſeille iuſques au ſeiziesme. Madame la grand' Ducheſſe de Florence ſa tante reprint la Mer auec Madame la Ducheſſe de Mantouë ſa ſœur, S. M. partit pour faire le 17. ſon entrée à Aix, & le 19. en Auignon, où l'allegreſſe de ſon arriuée fut redoublée par la nouuelle de la reddition de Mont-meillan.

La ville de Lyon iuſques à preſent eſtoit demeurée incertaine du lieu ou ſe feroit la celebration & la ſolemnité du mariage, & la plus-part croyoit que ce ſeroit à Grenoble. Le Roy le fit entẽdre par lettres du 17. à Monſieur de Botheon, & à monſieur le Preuoſt des Marchands leur commandant de pouruoir à tout ce qui ſeroit neceſſaire pour la reception de la Royne.

Ce commencement fut receu auec autant d'allegreſſe qu'on y recogneut d'impoſsibilité pour l'executer, le temps eſtant ſi preſſé & contraint qu'il y en auoit trop pour ne rien faire, & trop peu pour faire quelque choſe conuenable à la grandeur & merite de ceſte occaſion.

Mais

Mais comme les grandes affections ne rencontrent rien d'impossible, & n'y a empeschement qui puisse mettre du plomb aux aisles d'vn bon courage, Monsieur le Preuost des Marchands sur lequel retomboit toute la charge du commandement du Roy pour ceste reception, trouua ses cõpagnons si plains de bonne volonté que celle du Roy ne fut pas plustost proposée que suiuie, auec plus d'enuie d'executer que de cõsiderer les difficultez de l'execution. En ceste resolution doncques de faire plus que le temps & la consideration de leurs affaires ne le permettoit, ils n'oblierent rien de ce qui pouuoit seruir à la grandeur & à l'honneur de ceste action, & trouuerent qu'à la fin rien ne leur manquoit que le temps.

Pour n'en rien perdre ils aduiserent le mesme iour à ce qui estoit necessaire pour l'ordre des cõpagnies des trente-six quartiers de la ville, despescherent au Sieur de Serezin Capitaine des enfans de la ville pour se trouuer en ceste action. Luy qui aime

aime mieux la poudre des batailles que celle des tournois s'en excuſa, eſtimant que ſon deuoir l'obligeoit plus à ſe tenir auec ſa troupe dans les neiges de la Tarentaiſe autant de temps qu'il en auroit le commandement pour le ſeruice du Roy, que de paroiſtre à cheual, le panache à la Guelphe parmy les ruës tapiſſées de Lyon, pour la pompe d'vn iour d'hyuer.

Ils rencontrerent de grandes difficultez en l'ordre des rangs & des preſeances. L'vne des plus affectiõnées eſtoit celle des Marchands des villes des Cantons de Suiſſes qui fondez en l'exemple de l'entrée du Roy vouloient preceder ceux des villes Imperiales qui demandoient le deuant. Monſieur de la Guiche ordonna que ſans preiudice de leurs pretentions, ils marcheroient tous enſemble comme ne faiſans qu'vn corps, n'ayãs qu'vne langue & eſtans tous compris ſouz le mot de nation Germanique, & que celuy qui porteroit la parole ne diſtingueroit les vns d'auec les autres. C'eſt expedient fuſt ſuiuy & le Sieur

Sponde, pour l'indiſpoſition du ſieur Olé parla à la Royne au nom des trois.

Ayant paſſé le 18. & le 19. pour ce qui eſtoit de la cõdition des perſonnes, ils penſerent aux choſes qui depẽdoient de la Peinture & de l'Architecture, & pour auoir quatre ou cinq iours de temps pour acheuer, ils enuoyerent le Procureur de la ville à Valence à Monſieur le Chancellier, pour ſupplier la Royne de ne differer ſon arriuée, mais bien la ceremonie de ſon entrée pour trois ou quatre iours. Mais comme le Roy auoit marqué le iour qu'il deſiroit qu'elle entrat, elle preferat ſa volonté au contentement qu'elle euſt receu en la perfection de c'eſt appareil, & manda que ſans remiſe elle entreroit le Dimenche troiſieme Decembre & ſe rendroit à la Motte le Samedy.

PREMIER DESSEIN, ET DISPOSITION de l'appareil.

LA ville n'eſtoit pas deſpourueuë de dignes & capables ſujets pour entreprēdre la direction & conduite de ce deſſein, & neanmoins on iugea raiſonnable d'y employer celuy qui l'auoit ſerui en l'entrée du Roy. Il s'excuſat ſur le tēps, qui ne luy donnoit temps de conceuoir, ny de meurir rien de conuenable à la grandeur de ce deſſein. Il craignoit comme vne mort ciuile de rougir au manquement de l'entrepriſe, où de courir le hazard de ne traitter vn ſi digne ſujet ſelon ſon merite.

Ceux qui prindrent la peine de le chercher, & qui le trouuerent en la maiſon d'vn des plus ſçauans hommes de France, dans le labyrinte d'vn proces qu'il r'aportoit aux eſpineux hatiers duquel on n'euſt ſceu trouuer vne ſeule ſyllabe des vers de Virgile ny d'Homere pour faire vne bonne deuiſe, ſçauent bien que ces penſées eſtoient fort eſloignées de c'eſt exercice, & ſes humeurs ailleurs qu'en la poëſie, l'ignorance de laquelle il n'eſtime pas Anatheme.

Ceſte occaſion ſi contrainte & preſſée ne donnant lieu aux excuſes, ne demandoit des paroles ny des diſcours comme des outres enflées de vent, mais des effects, & vouloit que cõtre la precepte de Myſon chacũ ſe preparat en beſognant. Par l'aduis des Peintres & Architectes, qui en telles occaſiõs n'ont iamais rien fait de couhard ny d'imparfaict, il propoſa la ſtructure d'vne haute Pyramide, deux ſtatuës d'eſtuc, deux grandes perſpectiues, la couuerture du Pont & huict Arcades. Si les actions du corps qui ſont ſucceſsiues ſe faiſoient en vn inſtant comme celles de l'eſprit, il ny euſt point eu d'interualle entre le deſſein de l'œuure & la perfection. On ne leur donna que dix iours pour tout cela, ils en prindrẽt

vingt

vingt à la façon de ce Roy d'Egypte, qui aduerty par l'Oracle qu'il ne viuroit plus que ſix ans, ſe reſolut malgré les Parques d'en viure douze, faiſant de la nuict le iour. Ce doublemẽt de terme fuſt encores trop court, car des huict Arcs deſſeignez il ny en eut que ſix ſur pied. Celuy de Meſsieurs de la grande Egliſe fuſt tout entier. La porte du Rosne n'en euſt point. Celuy qui ſe deuoit dreſſer au Puy-Pelut eſtoit dedié à la Beauté auec toutes les merueilles de ſon triõphe, pour faire voir l'admirable beauté des vertus de l'Ame de la Royne, & l'admirable vertu des beautez de ſon corps. Les Emblemes, les hiſtoires, les inſcriptions preparées pour ſon enrichiſſement euſſent deſabuſé ceux qui croyent que la beauté ne loge point auec la pudicité, qui eſtimẽt qu'il y a entr'elles la meſme inimitié qu'encore la Fortune & la nature, & que ſi quelquesfois elles s'accordent enſemble, c'eſt choſe ſi rare que le mõde l'eſtime-on pour miracle ou pour fable.

En ceſte beauté eut paru vne autre beauté dont la perfection ne dépend point du iugement de l'œil ny du changement du temps, ny des incommoditez de l'aage, c'est vne saincte flamequi allume les vertus en l'esprit, qui attire les affections, commande sainctement aux volontez.

On eust veu aux pieds de ceste beauté heureusement parfaicte & parfaictement heureuse deux amours. L'vn aueugle rompant son arc de colere, l'autre clair-voyant luy offrant ses aisles pour ne l'abandonner iamais, & ne prẽdre autre ciel que les yeux de ceste Princesse, ἄπτερος ἔρως. Ces quatre vers eussent parlé pour l'aueugle.

L'amour est en furie
Et despite les Cieux,
Car la belle Marie
Luy emporte ses yeux.

Et ceux-cy pour l'autre,

L'amour est icy pour iamais,
Car Marie est l'amour des belles:
Et pour sa beauté desormais,
L'amour du Roy n'aura point d'aisles.

Ces

Ces vers furent veuz auant que M. Bertaud eust faict voir son chant nuptial ou ce bel esprit dict le mesme d'vn meilleur air:

Bruslez dedans le feu que ces graces attisent
D'vne ardeur volontaire & durable à iamais,
Content qu'en vostre amour ces flames s'eternisent.
Et qu'amour soit pour vous sans aisles desormais.

Comme ceste arcade ne fust commencée, aussi plusieurs autres desseins demeurerent en leur commencement sans estre acheuez. On dira que ce qui restoit à faire est plus beau que ce qui parut de parfait. Le Pont deuoit estre couuert d'vn bout à l'autre, enrichy d'vn costé de soixante quatre statuës des Roys de France, prenant la iuste descente du Roy à Pharamond, comme elle se void en la Genealogie qui est au discours de son entrée. De l'autre on y eust mis les quatre races de la maison de la

Royne. Il ne fust couuert qu'au milieu, d'vn ornement si simple, & d'vn artifice tant esloigné d'artifice que ceux qui au commencement l'estimoient plus œuure de village que de ville, le priserent & trouuerent ce Printemps agreable en hyuer.

Le Secretaire de la ville employa fort à propos & par vne galante repartie ces quatre vers qui excusent la structure, seruent de raison à l'inuention, & d'Apologie aux mocqueurs:

Il ne faut plus que l'on desire
Qu'autre saison puisse arriuer,
Voicy vn Printemps qui souspire
Les fleurs au milieu de l'hyuer.

Les statuës au deuant du logis de monsieur de la Guiche & au petit Palais n'ont eu leurs inscriptions qu'apres l'entrée. Le portail de l'Archeuesché n'eut que des armoiries, entre lesquelles ces vers deuoient estre escrits:

EXOPTATA DIV GALLIS AVRORA CORVSCAT,
QVA GEMINI FLORES ORBIS MISCENTVR IN VNVM
AVREA PVRPVREIS SVPERI DVM LILIA NECTVNT,
SEMPER VT HOC NEXV DIVÆ SINT OTIA PACIS
REGIS ET AETERNVM SOBOLESCAT AVITA PROPAGO,
PALLADIAE FRONDIS VIRIDIS VEL PALMITIS INSTAR.

Ce dernier vers est l'vne des plus desirées benedictions du mariage. Celuy qui a faict tant de miracles pour le Roy & le royaume la luy donnera sans miracles, à fin que ce qui manquoit à la felicité d'Auguste surabonde en l'heureux regne de ce Prince, & qu'on voye en luy ceste saincte promesse du Ciel parfaicte & accomplie.

Ta femme sera comme la vigne abondante à l'entour de ta maison,
Et tes enfans comme nouuelles plantes d'oliuiers à l'entour de ta table.

On ne sçauroit donner au Roy vn plus excellent Epithalame que les trois verſets de ce Pſalme de la traduction de monſieur de Thiron.

Ta femme ſera de la ſorte
Dans les parois de ta maiſon,
Comme eſt vne vigne qui porte
Force bon fruict en la ſaiſon.

Et tes fils autour de ta table
Arrangez beaux & verdiſſans,
Comme la ieuneſſe agreable
D'vn plan d'oliuiers fleuriſſans.

De tes enfans race ſur race
Puiſſes-tu voir ſains & diſpos,
Puiſſes-tu voir vn long eſpace
Iſraël en paix & repos.

S'il y euſt quelque choſe de remarquable au reſte, ce ne fut qu'en diligence, laquelle ne fut que trop grande en pluſieurs endroits qui meritoient plus de ſoing, d'art & d'eſtude. Les ouuriers eſtoient tellement preſſez, & du temps, & des hommes, les

les ouurages ſi diuers & embrouillez, que tous les ſages d'Athenes y euſſent perdu leur ceruelle. En fin en dix iours tout ce qui ſe void en la figure fut inuenté, dreſſé, & planté. C'eſt vne rigoureuſe loy qui contraint de faire bien, beaucoup & promptement.

L'ARRIVEE DE LA ROYNE ET SON THEATRE à la Motte.

LA Royne partit de Vienne à ſi bonne heure qu'elle arriua au bourg de la Guillottiere incontinent apres Midy. On luy auoit dreſſé & preparé ſon logis à la Motte, lequel elle ne voulut prendre, pour l'incommodité de ſa ſuitte, & ſe logea au Bourg. Monſieur de la Guiche Cheualier des deux ordres du Roy, Gouuerneur & Lieutenant general pour ſa Majeſté en la ville de Lyon, païs de Lyonnois, Foreſts,

& Beaujoulois luy alla au deuant auec bon nombre de Gentils-hommes de ſon gouuernement & autres. Il la rencontra & luy fit la reuerence ſur le grand chemin de Vienne à l'endroit de la maiſon du Sieur de Champagneu, & luy ayant dit quelques paroles remonta à cheual, & s'alla rendre au logis preparé à ſa Majeſté pour la receuoir. Là elle trouua des nouuelles du Roy par monſieur de Roquelaure qui luy preſenta de la part de ſa Majeſté le grand collier Royal d'ineſtimable valeur.

Le lendemain Dimanche troiſieſme de Decembre la Royne ſuiuie des Princeſſes & des Seigneurs de la Cour alla ouïr Meſſe à la Motte, & y diſna. On auoit dreſſé vn theatre qui tenoit toute la face entre les deux tours qui regardent la ville, ſur lequel elle pouuoit entrer de ſa chambre, & eſtoit capable pour toute ſa ſuitte, couuert & paré de riches tapis & tapiſſeries.

Mais le temps roulla & preſſa tous ces deſſeins auec telle ardeur & precipitation que les charpẽtiers oublierent de poſer l'vn

des

des premiers ornemens de ce theatre. C'estoit vn grand tableau representant les legitimes embrassemens de Mars & de Minerue, & la conionction du Laurier & de l'oliue, sous laquelle la France espere de respirer de ses trauaux, reprendre ses premiers esprits de paix & de concorde, & se voir le refuge des sciences, lesquelles estant chassées autrefois d'Athenes vindrent surgir à Marseille comme à vn port de seureté. Ces deux vers monstroient cela.

FRANCORVM MARTI SOCIATVR ETRVSCA MINERVA,
FOELICI HOC HAC NEXV FRANCI SPERATE QVIETEM.

Ainsi M. Bertaud à conjoint l'espée de Mars, à l'arc de Diane.

LA VIERGE CHASSERESSE A LA FIN S'EST SOVS-MISE
AVX DOVCES LOIX DV IOVG FVT SI LONGVEMENT,
BIEN QV'ELLE N'AIT DAIGNÉ DESPOVILLER SA FRANCHISE
QVE POVR LA SAINCTE AMOVR DE MARS TANT SEVLEMENT.

Au dessouz en vn grand carré ceste inscription.

MARIÆ MEDIC. PRINCIPI SERENIS. FRANCISCO MAGNO FLORENT. ET SENARVM DVCE, IOANNA AB AVSTRIA FERDINAND. I. IMPER. F. CLARIS. PARENT. PRAECLARIS NATVRAE DOTIBVS INCOMPARABILI, CHRISTIANIS. ET INVICTIS. HENRICI IIII. FRANCORVM ET NAVARRAE REGIS SPONSAE DESIDERATIS. EXPECTATIS.

Vota omninm Lugd. Vrb. ordinum.

Au plus haut du tableau deuoient paroistre les armes de la Royne, & aux deux costez deux deuises.

L'vne d'vn Soleil passant d'vn Pole à l'autre, ou tel qu'il est en son couchant quand il retire sa lumiere de nostre hemisphere pour luire à l'autre auec ce mot:

ALIIS ADFERT ALIIS ADIMIT.

On s'estonnera pourquoy on donne vn Soleil qui se couche à vn Soleil qui est à son

ſon Leuant, qui a autant de lumiere pour mouuoir les cœurs à ſon admiratiõ, que le Soleil en à pour tirer les yeux à ſon Amour. Volontiers le Soleil en ſon Ponant eſt pris pour le calme & la ſerenité de l'ame, lors qu'elle eſt eſpurée de ſes paſsions, & que ceſte bouillante ardeur du ſang, ceſte furieuſe Canicule eſt temperée & adoucie par la derniere ſaiſon de l'aage,

Vt eſſe Phœbi dulcius lumen ſolet,
Iam iam cadentis.

Vn des plus beaux eſprits de Frãce, & qui y tient pour ſa qualité des premiers rangs, m'a monſtré ſur ce ſuject vn Epigrame de ſa façon, auquel en accommodant les dernieres heures de la courſe du Soleil au dernieres & plus meures années de la vie, il fait voir le temps de la vraye tranquillité de l'ame, & lors qu'elle eſt plus proche de l'eternel Solſtice, & de viure au port apres qu'elle à long temps flotté & tremblé dedans les frayeurs & les horreurs de la Mer du monde. Il eſt force d'enchaſſer vne ſi

belle

belle & riche pierre dans le cuyure de ceste page,

Oceani tædam quùm Sol deflammat in vndis
Tunc radijs oculos tardat amabilibus.
Tempore sic florens vbi quùm deferbuit ætas
Inficit & nigras cana senecta comas,
Libera mens vinclis educta cupidine cæco
Nullis stat veluti vnda incita spiritibus:
Tunc mentis oculos non inuida nubila turbant,
Cernere quin valeant numina cœlituum
Parte aliqua, ostendet totum post fata quieta
Solstitio dubias haud metuente vices.

Qui considereroit que ceste Princesse est esleuée au plus haut poinct & en la plus haute Sphere des grandeurs du monde, trouueroit ceste Embleme du Soleil couchant mal conuenable à sa Majesté, qui comme vn Soleil tant plus il est esleué, plus sa lumiere est grande & esclatante: mais l'Esprit de ceste deuise n'est que pour monstrer que ceste Princesse desormais oste la lumiere au lieu de sa naissance & la donne à celuy de son regne.

Ce quatrain eust donné vn autre sens à la mesme deuise.

Le Soleil ses rayons retire,
La Royne doit luire à son tour,
Par tout ou sa face veut luire:
On a tousiours assez de iour.

L'autre d'vn Dauphin auec vn rameau d'Oliuier. Quand les Dauphins s'esleuent en la Mer, & qu'ils se jouënt, c'est signe que l'orage est prochain. *Delphini*, dit Pline, *tranquillo mari lasciuentes, flatum ex qua veniunt parte presagiunt.* Pierius en a recueilly quelques raisons au 27. de ses Hieroglyphiques. Le Dauphin que l'on espere de ce mariage doit estre le seul signal du repos de ce royaume.

En la mer le Dauphin deuance
Des vents & de flots le courroux,
Mais le Dauphin naissant de vous
Promet la bonace à la France.

Ceux qui ont leu le chant nuptial de monsieur Bertaut, l'Homere des Poëtes

François, & qui liront en ce discours la harangue de monsieur de Villars, croiront que ce trait du Dauphin a esté tiré de leur inuẽtion, le Lecteur en croira ce qu'il voudra, ce rencontre est par hazart & non par finesse, & quãt il seroit par imitation ce seroit beaucoup de gloire à l'autheur d'imiter ces deux beaux esprits, dont l'vn est autant admirable en ces escrits, comme l'autre est inimitable en son eloquence.

L'inscription autour du Dauphin,

ΥΠΕΡΡΑΓΗ ΑΣΠΕΤΟΣ ΑΙΘΗΡ.

Au milieu de ce Theatre estoit esleué le Throsne de la Royne, dans lequel elle entendit les Harangues pronõcées au nom des corps, des ordres & colleges de la ville.

Tout le Clergé alla en procession à la Motte. M. l'Obeancier de sainct Iust qui porta les vœux & les prieres de son ordre n'a voulu que sa harangue fust icy. Monsieur le Chancelier fut en ceste action l'interprete de la Royne, & de la ville qui

est

eſt honorée de ſa naiſſance autãt qu'Athenes de ſes Phociõs, de ſes Pericles, & Rome de ſes Catons. La Royne ne reſpondit par ſa bouche qu'aux Florentins. Toutes les harangues qui ſont icy r'aportées furent prononcées à genoux, excepté celle des villes Imperiales, Suiſſes & Griſons, qui ſont en poſſeſsion de parler debout. Et ſur-ce que monſieur le Chancelier leur dit la forme de ce deuoir qui ne donne point de priuilege ny d'exception aux eſtrangers, & les oblige de rendre au Prince, en l'obeïſſance duquel ils demeurent, le meſme honneur qui leur eſt deu par les ſujets en telle action, ils reſpõdirent qu'à l'entrée du Roy Henry II. il ne s'eſtoient preſenté autrement, & que pareille dificulté eſtant suruenuë à l'entrée du Roy à preſent regnant, ſa Majeſté euſt agreable de les entendre auec ce priuilege. Monſieur le Cõneſtable voulust ſçauoir ſi les choſes eſtoient paſſées comme cela, Monſieur de la Guiche ſe trouua tout à propos pour en dire à l'honneur de la verité & faueur des priuilegiez.

LES HARENGVES FAITES A LA REINE SVR LE THEATRE à la Motte.

De M. Thomé Preuost des Mareſchaux au gouuernement de Lyon.

MADAME, la conjonction de la Lune auec le Soleil forme l'eclipſe obſcurciſſement de l'vniuers. Vous Madame jointe auec ce grand Soleil de tous les Princes de ce monde, par effet differēd rendez à la France ſa premiere ſplendeur, & ne luy reſte pour comble de ſes felicitez, que de cueillir le fruict des liz 'hentez ſeul antidote & preſeruatif de noz maux aduenir. Dieu en haſte l'heure, & nous conſerue ces aſtres iumeaux.

DE M. DV SOLEIL, *conduisant les compagnies de la ville.*

MAdame ceste trouppe de Capitaines qui ont l'honneur de commander à toutes ces forces souz l'authorité du Roy, ne pouuoit desirer plus de contantement, d'esperance ny de repos, que la veuë de vostre Majesté pour luy offrir & biens & vies: la supliant tres-humblement prendre toute asseurance de leur fidelité, & les vouloir tenir pour vos, tres-humbles, tres-obeissans & tres-fidelles sujects & seruiteurs.

DE M. BÒNVISI POVR *les Lucquois.*

MADAME, la natione Luchese fa humil reuerenza alla Maesta vostra, giubila quanto maggiormente puo del suo arriuo con salute in questo regno, e insieme del felicissimo suo maritaggio, se li essibiscono per deuotissi-

mi e humilißimi ſeruitori in generale e particulare, e la ſuplicano della ſua protetione e fauore in tutte le occaſioni che ſi poſſono preſentare, & loro pregherano del continuo il Signor Iddio per la proſperita e lunga vita di loro Majeſta con pronta prole.

DE M. GONDY POUR les Florentins.

MADAME, la natione Florentina habitante in queſta ſua Citta di Lione ſenti gioia infinita, quando inteſe che la Majeſta voſtra veniua à honorare queſto regno della preſenza ſua, & hora che la vediamo qui arriuata con proſperita, & fa tante & coſi ſegnalate victorie del gran' Rè, non è alcuno di noi, che dentro al cuor ſuo non ſi ſenta raddoppiare il giubbilo & l'allegreſſa, & come ſeruitori humilißimi & deuoti, che d'ogni tempo ſiamo ſtati à queſta Corona, & alla ſenerißima caſa ſua, facendoli reuerenza li offeriamo la deuotion noſtra, la ſeruitu, & tutto quello, che

che dalle debol' forze nostre puo dependere, & benche le guerre & trauagli de tempi passati habbino hora riddotto il numero di noi, rispetto à quello che gia soleui essere, à poco, speriamo non di meno che Dio benedirà talmente le sue attioni, il suo Scettro, il suo Imperio, che sotto quello ne succedera la desiderata tranquillita & quiete, & che in cosi felici tempi noi habbiamo à crescere & risurgere in piu numero & forza, ma particularmente con il fauore della protettione di V. Majesta, nella quale con ogni debita humilità la suplichiamo di volerci sempre hauere & conseruare.

DE M. SPONDE POUR *les villes Imperiales, Suisses & Grisons.*

MAdame, comme les grands effects d'alliance & d'amitié qu'on à veu de long temps entre la coronne de France & nostre nation nous ont donné vn grand ressentiment de ses miseres, aussi receuons nous maintenant vn contentement incroyable

croyable en ſes felicitez, voyant apres tant de ſanglans exercices de la guerre, des victoires incroyables, vne paix plus deſirée qu'eſperée, & à la fin la cōjonctiō des deux plus grands, plus genereux & magnanimes cœurs du monde. Il ne faloit que celà pour affermir & aſſeurer la bonne fortune de la France, en laquelle Madame nous vous deſirons vn regne paiſible, vne proſperité immuable, vne longue ſuite d'années les meſmes ou plus grādes benedictions de fecōdité, que receut l'Imperatrice voſtre ayeule, & vous ſupplions nous tenir cōme voſtres.

DE MONSIEVR LE President de Villars pour la Iuſtice.

MAdame, les merueilles que Dieu a voulu faire voir au monde en la naiſſance & progres de la vie & des actions de noſtre Roy ont eſtez iuſques icy les effets de la Iuſtice diuine, pour cōſeruer à noſtre ſouuerain Prince l'heritage legitime de S.

Louys : mais ce que nous voyons maintenant auec admiration de ceste grande alliance, nous est vn tres-asseuré tesmoignage de sa diuine bonté, & de ce qu'il a ordonné pour le bien de tout le Royaume. Le temps menassoit nostre bon-heur d'vne cheute pour son accoustumée inconstance : nous ne jouïssions du repos qu'auec crainte de le perdre : nos prosperitez n'estoient que des feuilles, nostre paix n'estoit qu'vne fleur. L'histoire pitoyable de nos desordres passez nous mettoit deuant les yeux vne image effroyable des malheurs de l'aduenir, nos plus beaux iours estoient troublez par les nuicts des ennuis qu'vne violente imagination nous rẽdoit presens. Dieu a voulu que pour l'entiere reuolution du bon destin de la France, elle eust recours pour la seconde fois à sa tres-illustre race de Medicis, pour rendre nostre fleur de lys non seulement florissante, mais fructueuse, feconde & abondante en germe Royal, seul & vray soustien de l'Estat. Les Dauphins sont presages de la tourmente sur la mer : mais vn Dauphin Royal nous sera vn gage de l'eternité de nostre salut, c'est le plus sainct des desirs de nostre bon Roy: c'est le digne suject des veuz communs des François, vostre Majesté a esté reseruée du Ciel pour perpetuer la sacrée tige de nos Rois, & rendre leur succession esgale à la durée du monde. La nature a assemblé en vostre Majesté toutes ses graces & ses plus riches dons pour vous faire l'ornement de la France qui est l'ornement de l'Europe.

Les petits Aiglons sont exposez aux rayons du Soleil pour preuue de leur generosité naturelle, & vostre Majesté estant issuë de l'Aigle du costé maternel, a esté recognuë seule capable d'aprocher de pres, & regarder à veuë franche ce grand Soleil qui des rays de ses Royales vertus esclaire non seulemēt la France, mais tout le monde, tous autres yeux se fussent esblouïs à l'aspect d'vne si grande lumiere, les vostres seuls soustiendront c'est esclat, & par vne douce reflexion le serain de vostre Royale face releuera nos esperances au plus haut

Ciel

Ciel de felicité, & nous ſera voir en nos iours les plus fermes aſſeurances de noſtre repos. Madame receuez, s'il vous plaiſt, l'hommage que nous rẽdons à voſtre Majeſté, à laquelle nous offrons nos cœurs comme agreables victimes de noſtre treshumble obeïſſance.

DE MONSIEVR LE PREVOST des Marchands, pour le corps de la ville.

MAdame, ſi toutes les parties de mon corps eſtoient tranſmuées en langues, & que chacune euſt autant d'eloquence comme il y en a en vous, de beauté, de grace & de perfection, encores ne me sembleroient-elles ſuffiſantes de pouuoir exprimer dignement, l'ayſe, la ioye, & le contentement que reçoit tout le peuple de Lyon, de voſtre heureuſe arriuée & aduenement à ceſte Coronne: mais ce que ie ne pourray proferer ny dire, ſera par vous leu en nos faces, & facilement remarqué en toutes nos actions, & trouuerez Madame, tant de fidelité, d'obeïssance, & d'affection en tous ses Bourgeois & Citoyens que ie vous presente, prosternez auec moy deuãt vostre Majesté, que vous confesserez librement qu'il ny auoit autre peuple en tout l'vniuers, qui meritast mieux d'estre commandé de vous, & de vous auoir pour sa Royne que nous, qui prierons incessamment Dieu pour vostre prosperité & santé, & qu'il vous face la grace de conter les ans de vostre regne, par le nõbre de vos enfans.

En toutes les responces que la Royne fit à ces harangues, elle desira que monsieur le Chancelier fit entendre le contentement qu'elle receuoit en ce deuoir, & son desir de se souuenir de tant de tesmoignages de seruices & d'affections.

L'ORDRE TENV *en marchant.*

APRES les harangues finies, la Royne ſe retira en ſa chambre, en attendãt que les troupes fuſſent aduancées pour s'acheminer en la ville, leſquelles Monſieur le maiſtre des Ceremonies fit paſſer en ceſt ordre.

Marchoit premierement le Preuoſt des Mareſchaux ſeul auec ſes Officiers & Archers.

Les trente-ſix Penonnages de la ville, ayant en teſte le Sieur du Soleil & le Sieur du Fenouil.

Vne grande troupe de gens de cheual, tant de la ſuitte de la Royne que d'autres.

Ceux de la ville & Republique de Lucques.

Ceux de la ville de Florence.

Ceux des villes Imperiales, & des Cantons de Suiſſe, Griſons, & Sainct Gall, tous enſemble pour la contention des preſeances & ſans preiudice.

Meſsieurs du ſiege Preſidial, deuãt lequel marchoient les Archers de robbe courte, & la compagnie du Cheualier du guet.

Grand nombre de Seigneurs & Gentils-hommes, tant François qu'Italiens à cheual.

Dom Anthonio de Medicis ſeul à cheual, & vne grande troupe d'eſtafiers autour de luy à pied.

Les Exconſuls & notables Bourgeois de la ville.

Meſsieurs les Commandeurs & Cheualiers du ſainct Eſprit.

Les Pages de la Royne, ſur cheuaux richement enharnachez.

La haquenée de parade de la Royne.

En ceſt ordre elle arriua à la porte du pont du Roſne, où elle eſtoit attenduë par M. le Preuoſt des Marchands, lequel auec les autres Eſcheuins, luy preſenta le poyle, les clefs de la ville & ces paroles:

Madame

MAdame, ce Lyon qui a teſmoigné par tant d'actes ſignalez de ſon deuoir, qu'il eſt genereux d'effect comme de nom: ne preſente les clefs de ſes portes à voſtre Majeſté par des cœurs feminins comme il ſe faict en d'autres lieux, ains par la main d'vn Cheualier eſchapé de pluſieurs combats, voſtre tres-humble ſuject & fidelle ſeruiteur, lequel proſterné à vos pieds, vous offre par meſme moyen, les cœurs, les veux, & les affections de tous ſes Concitoyens, que ſi en ceſte reception vous ne trouuez tant de pompe & magnificence, comme voſtre Majeſté merite, & que jadis en fuſt faicte à la Royne Catherine voſtre tres-honorée tante que Dieu abſolue, accuſez en les diſgraces paſſées & la briefueté du temps que nous auons eu pour nous y preparer: car en affection & deſir de vous faire humble ſeruice, nous ne cedons à autre Prouince de voſtre Royaume.

Ce deuoir acheué il monta à cheual, & print ſon rang deuant la lictiere de la Royne. Deuant luy marchoient les Gladiateurs

&

& maiſtres d'eſcrime, le Sieur de Maſſo, Lieutenant du Sieur du Soleil, les Mandeurs, les officiers de la maiſon de ville.

Le poyle de la Royne eſtoit porté par quatre Eſcheuins, M. de Iarniouſt, M. de Poculot, M. Regnaut, M. de Maſſo, Seigneur de S. André du Coing en la place & par l'indiſpoſition de M. de Myons premier Eſcheuin.

Apres la Royne venoient les Princeſſes, Ducheſſes, & autres grandes Dames de la Cour en leurs carroſſes, & apres tout cela les chariots de la Royne.

En ceſt ordre S. M. entra en la ville, l'artillerie tonnant, les trompettes, haubois, & inſtrumens de Muſique ſonnans, les ruës tapiſſées, les principales places ornées & embellies des arcs, portiques, pyramydes, & theatres, qui ſont repreſentez en la figure & ſelon ceſte deſcription.

LE PONT DV RHOSNE.

LA premiere porte du Pont-leuis estoit reuestuë de festons & des armes du Roy & de la Royne, & au plus haut d'vn Lyon de relief, sous lequel estoient ces quatre vers:

De l'Empire François la plus fidelle porte,
Qui enferme en ses murs deux villes & deux monts,
Offre pour vous seruir deux fleuues & deux ponts:
Et vouë à vostre fleur tous les fruicts qu'elle porte.

La seconde porte n'auoit autre paremẽt que d'vn portraict de la ville de Lyon, representé par vne femme, tenant en vne main vn Lys, & en l'autre vn bouclier, dans lequel estoit le plan de la ville, auec ce vers:

EXPECTATA NOVI FVLGET SPES AVREA SÆCLI.

ET par-ce que les Princes Dauphins font leur entrée par ceste porte, on y lisoit ce Quatrain.

Pour vne Princesse si belle
Ie deuois paroistre autrement,
Mais i'ay gardé mon ornement
Pour le Dauphin qui naistra d'elle.

L'ARC DRESSE' deuant l'Hospital.

SVr le frontipisce de cest Arc estoit vne statuë representant par vne corne d'Amalthée, & vne couronne d'Oliue la Paix & l'Abondance.

Au pedestal.

AVREA TV NOBIS VBERTAS, LAVREA PACIS.

Entre le pedestal & le ceintre de l'Arc, Iunon

Iunon allaictant Hercules & la Voye lactée, entre deux ouales. En l'vn ce mot marquoit la beauté de la Royne comparable seulement aux Deesses.

ΘΕΗ͂Σ Ε'ΙΣ Ω͂ΠΑ Ε'ΟΙΚΕΝ.

Elle ressemble de Visage aux Deesses.

En l'autre,

MARIAE IVNONI AVGVSTAE.

Ce n'est pas la premiere Princesse qui a esté surnommée Iuno. L'histoire Romaine donne à Auguste le surnom de Iupiter, à Iulie celuy de Iuno : à Drusille celuy de Venus, comme au-parauant les Atheniens l'auoient donné à Lamia & Leæna.

Au reuers de l'Arc estoit escrit.

FOELICES HYMENÆE FACES QVIBVS VRIS AMANTES,
ÆTERNV̀M FOELIX AVGVSTO PRINCIPE VIRGO,
ÆTERNV̀M FOELIX AVGVSTA VIRGINE PRINCEPS,
TER FOELIX FOEDVS, TER FOELIX FOEDERE PROLES,
QVÆ PATRIS ORA FERENS TITVLOS ÆQVABIT AVORVM.

LA PYRAMIDE AV bout de la grande ruë.

CEste Pyramide estoit de la hauteur de septante pieds, feinte de marbre blanc, enrichie de chiffres & d'entrelassemens de Myrthes, de Lauriers, de coronnes, & autres hieroglyphiques d'amour, de concorde, ou de mariage. Au dernier parquet vn Temple de Foy, tel qu'il est aux vieilles Medailles, & comme le rapporte I. Lipsius en ses inscriptions, de l'honneur qui donne la main à la verité, & d'vn Cupidon au milieu comme venant des deux. A l'vne des faces de la Pyramide.

IN PVBLICA LAETITIA REGII, CONIVGII QVOD FOELIX ET FAVSTVM SIT PROCREANDIS LIBERIS. LVGD. LL. ERIG. C.

A l'autre,

L'odeur de ce beau liz, ayãt le ciel pour terme
Remplira l'Vniuers sur vn cube si ferme.

LE THEATRE AV deuant de la Grenette.

IL eſtoit dreſſé à fin que de ceſte premiere ville de Frontiere, la Royne vit tout le Royaume. Il auoit en perſpectiue pluſieurs figures repreſentant les principales prouinces & gouuernemens de France, auec les armes & eſcuſſon des Royaumes, Duchez ou Comtez dont elles ont porté le tiltre auant que d'eſtre reünies ſoubs la couronne. Le plus haut du theatre eſtoit pour la France repreſentée par vne grande ſtatuë, apuyée ſur vne colonne enuironnée de deux ſerpens pour la prudence, & la fermeté. Au pedeſtal qui la ſouſtenoit eſtoit ce mot.

ΚΟ´ΣΜΟΥ ΜΕ´ΡΟΣ ΑΙ῎ΕΝ Α᾽ΤΕΙΡΗ`Σ,

Pour monſtrer qu'elle eſt inuincible & ne ſe peut ruïner que de ſon propre poix. Les choſes paſſées, ſa longue durée, ſes grandes calamitez, ſon aſsiette entre la mer

Occeane & la Mediterranée & ses armes qui ont porté les fleurs de lys par tout le monde en ostent tout doubte.

Au costé droit Catherine de Medicis Royne de Frãce, & mere des derniers Rois de glorieuse memoire paroissoit en la sorte qu'elle a esté veuë depuis la mort du Roy Henry II. auec ces quatre vers.

Vne fleur de Florence a fait voir la coronne
Sur trois Rois de Valois, Dieu tout iuste & tout bon:
Vne plus belle fleur à la France redonne,
Pour la rẽdre immortelle au sceptre de Bourbõ.

En l'autre bout la Royne regnante.

La nature monstrant d'vne main liberale,
Les plus rares faueurs de ses thresors en toy,
Et voyant ton esprit te vouloit faire masle,
Mais le ciel te voulut femme & mere de Roy.

A la plus belle & plus apparente veuë du Theatre estoient les huit plus grandes & principales prouinces du Royaume, qui font autant de Parlemẽts, & soubs lesquel-

les

les tout le reſte eſt cõpris. En l'vne des frizes du theatre on liſoit.

GALLIA TOT NIVEIS COMITATA SORORIBVS IPSI,
REGINAE ASSVRGIT, MERITOSQVE REPENDIT HONORES.

LE PORTAL DEVANT l'Egliſe S. Nizier.

AV plus haut eſtoit eſleuée vne victoire tenant en main deux coronnes ſur vn globe du monde, ſemé de beſans de la maiſon de Medecis, aux fleurs de lys. Au pedeſtal qui ſouſtenoit l'vn & l'autre,

ORBIBVS HIS IMPLEBITVR ORBIS.

Au deſſous vn tableau de deux Dianes à la chaſſe.

VENANTVR GEMINAE VARIA SED SORTE DIANAE,
ISTA CAPIT REGES, CONFICIT ILLA FERAS.

Aux deux coſtez du tableau deux deuiſes,

ſes, La premiere d'vn Myrthe entrelaſſé en colomnes auec ce mot,

REDDET VTRAMQVE VIRENTEM.

Deux Myrthes raportées aux deux qui eſtoient à Rome, deuant le temple de Romulus, l'vne appellée la Patricienne, l'autre la Plebée. *Pline liure 15. chap. 29.*

La ſeconde d'vn Arbre tournant & panchant touſiours deuers le Soleil.

SVRGIT ET OCCIDIT VNA.

Il ſe pouuoit prendre ou pour le Lotos, ou pour le Citronnier. Il eſt vray que la diſpute eſt grande ſi le Lotos, eſt arbre ou herbe. Homere met deux ſortes de Lotos, l'vne d'arbre, & l'autre d'herbe. Theophraſte dit que c'eſt vn arbre de la grandeur d'vn poirier. Diodore en ſa bibliotheque eſtime que ce ſoit vn arbre d'Egypte: Tzezes l'appelle vne herbe ſauuage: Iamblique expliquant les marques hyerogliphiques de la Theologie des Egyptiens, dit, que le Lotos, arbre aquatique repreſente Dieu, parce que ſa principauté ſurpaſſe la fange

du

du monde, & gouuernant l'vniuers, il n'y touche point, ains administre vn Empire du tout intellectuel & celeste, car tout est rond au Lotos, aussi bien le fruict, que les fueilles. Par où est signifiée l'action circulaire & tournoyante de l'entendement, qui se conduit & maintient en mesme sorte. Il n'estoit representé icy, que pour monstrer la parfaicte vnion des volontez, ces arbres estans tellement solaires, qu'ils tournent tousiours la branche & la fueille deuers le Soleil.

Entre les deux colomnes de l'arcade du portal estoient esleuées deux statues: l'vne de l'Asseurance ou Constance, tenant appuyée sur vn roc en main vn Cube Hieroglyphique de constance & de fermeté: car ceste forme paroist tousiours droicte de quel costé qu'elle tombe, & pource Platon, Simonides, & Aristote, appellent, homme constant & asseuré τετράγωνον. Au dessus de ceste statuë estoit ce vers.

TVTA QVIES, HOSTILE NIHIL, RVRE, VRBIBVS VNDIS.

L'autre statuë estoit l'Esperance, telle qu'on la represente aux vieilles medailles auec vn vase plein de fleurs, pour monstrer que l'esperance du fruict est infallible, puisque la fleur en est si belle, & ce vers,

SPES SOBOLEM OPTATAM VENTVRA IN SAECVLA SPONDET.

Au reuers du portal estoit ce quatrain,

Ceste Royne est sans pair, son merite sans pris,
En sçauoir, en beauté sa Majesté surpasse
Les merueilles du monde, elle est aux beaux esprits,
La seconde Pallas & la quatriesme Grace.

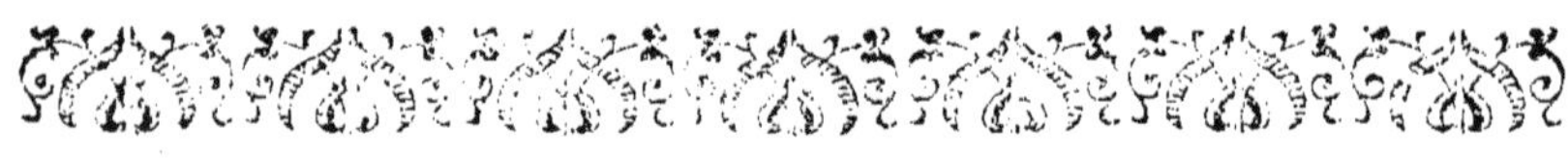

LE PREMIER PORTAL du pont de Saone.

AV plus haut paroissoit l'ancienne enseigne, de la ville de Florence, telle que Gabriel Simeon l'a representé en ses Dialogues, où il remarque que les Florentins

tins auoient accouſtumé de couronner ce Lyon aux iours ſolemnels, d'vne coronne d'or, preſage, que l'Eſtat ſe conuertiroit vn iour, ſous l'vnique puiſſance ou la coronne d'vn ſeul.

Au tableau deſſouz eſtoient portraictes les careſſes & embraſſemens du Rhoſne, la Saone & de l'Arne.

DIVISAS IVNXIMVS VNDAS.

En la table d'attente releuée en la friſe, de la corniche ſoubſtenuë de deux colonnes eſtoit eſcrit,

Grande Princeſſe à voſtre entrée,
Receuez nos cœurs & nos vœux,
Luyſez comme la Vierge Aſtrée,
Sur nos autels & ſur nos feux.

Aux deux coſtez deux diuiſes.

La premiere vne Lune receuant l'influence de tous aſtres auec ce mot,

OMNIVM INFLVXV.

Comme la Lune reçoit en ſon ſein toutes les ſuperieures influences, & principalement du Soleil : de mesme la Royne est embellie de toutes les vertus pour en faire voir la lumiere & l'exemple.

La seconde deux cœurs bruslans en mesme feu.

VRIMVR IGNE PARI.

Au reuers du portail.

INGREDERE ITALIAE SPLENDOR TVA MOENIA VIRGO.
INGREDRE HENRICI REGIS ET ORBIS AMOR.
REDDE TVIS SEMPER FOELICEM SEDIBVS VRBEM,
SIC ERIT ANTIQVO VRBS, ORBIS IN ORBE NOVVS.

Ce dernier vers est imité d'vn Epigramme de Iule Cesar de la Scale, sur la ville de Lyon. L'autheur & le subiect meritent bien de le rapporter tout entier.

Fulmineis Rhodanus qua se fugat impiger vndis,
Quaq; pigro dubitat flumine mitis Arar,

Lugdunum iacet, antiquo nouus orbis in orbe,
Lugdunum-ve vetus orbis in orbe nouo.
Quod nolis alibi quæras, hîc quære quod optas,
Aut hîc aut nusquam vincere vota potes.

LE BERCEAV DE VERdure sur le Pont de Saone.

LE Pont de la riuiere de Saone, sur le milieu, estoit couuert d'vn grand berceau de verdure, soubs lequel estoient douze niches à iour, & douze remplies de statuës de Princes de la maison de Medicis, à la memoire desquels il estoit dedié, par ceste inscription sur le premier front,

IMMORTALI DOMVS MEDICEAE, VIRTVTI ET CELSITVDINI.

Sous l'escrit paroissoient les armes de la maison de Medicis, telles que Cosme premier grand Duc de Toscane ayeul de la Royne les portoit. Ce sont cinq besans de gueules en champ d'or. Autresfois le nombre en estoit incertain, & lon trouue aujourd'huy des escussons qui en ont neuf, d'autres huict, quelques vns sept. Le dessein de ceux qui premiers les prindrent en leurs armes, fut pour monstrer l'exaltation & la declination de ceste maison, au gré de la fortune, comme la nature du ballon est quelquesfois de monter ou voller en haut, & autrefois se rouler par terre.

RECVEIL DE L'HISTOIRE de Florence, pour l'intelligence de la Genealogie de la grande maison de Medicis & de l'erection du Duché de Toscane.

QVi n'entendra l'histoire de Florence, les diuers changements qui ont troublé ceste Republicque, ne sçaura recognoistre, quelle a esté la splendeur & la fortune de ceste famille en son commencement. Mais comme des choses passées auant l'année mille & vn cent, l'histoire n'en rapporte que des tenebres, aussi n'en faut-il rechercher l'origine plus auant, le temps, en-

uieux

uieux des plus memorables actiõs, en ayant emporté la memoire.

C'est chose toutesfois tres-certaine que Florence rebastie par Charlemaigne, deux cens cinquante ans apres que les Ostrogots l'eurent ruïnée, demeura soubs les loix de l'Empire tant que les Empereurs d'Occident furent aux plus beaux iours de leur prosperité, se gouuernans par Consuls, assistez d'vn Conseil composé des plus nobles familles, cõme font encores aujourd'huy les villes qui s'appellẽt Imperiales, & soubs ceste forme de gouuernements la maison de Medicis auoit desia de l'authorité au maniement des affaires.

Depuis que ceste fameuse faction des Guelphes & des Gibelins eut diuisé l'Italie, & la plus part des Princes de l'Europe, en deux contraires partis, ceste ville ne pouuant, ny demeurer entre la liberté & la seruitude, ny se tenir neutre, pour les differentes humeurs de ses Citoyens & les grands desseins de ses voisins, vit en moins de rien les ruïnes & de son repos & de sa liberté,

car

car d'vnie qu'elle estoit , elle se diuisa en deux factions.

Et cõme il ne faut qu'vne petite bluette de feu , pour faire vn grand embrasement, vn petit trou pour faire abismer vn vaisseau , & vne petite querelle pour exciter grand trouble:le meurtre d'vn seul Gentilhomme des Bondelmons enuiron l'an 1215. tué par les Amidey, irritez de ce qu'il auoit laissé vne fille de leur maison , qu'il auoit fiancé pour en espouser vne autre , fut la premiere ouuerture par laquelle les ciuiles fureurs entrerent en la Republicque. Ces deux factions pour se vanger plus aysément l'vne de l'autre, & faire passer leurs passions particulieres soubs les pretextes de la guerre publicque eschauffée entre les Guelphes & les Gibelins , prindrent diuers party , les Bondelmons suiuirent les Papes & se firent Guelphes , les Amidey se rangerent du costé de l'Empereur & furent Gibelins.

La Republique n'auoit encore senti ces estranges conuulsions qui affoiblirent ses

nerfs,

nerfs, & les nouueautez n'auoient que bien peu alteré le temperament de ses humeurs, car l'ancien ordre de son Gouuernement subsistoit encores souz l'authorité des Cōsuls & Seigneurs qui estoient diuisez aux six quartiers de la ville, pour veiller aux affaires publics. Ceux de la maison de Medicis continuoient en ces honneurs: mais depuis que l'Empereur Frideric II. eut passé en Italie auec vne grande armée de Gibellins, ses partisans se ietterent d'vn plain saut sur le commandement de la ville, pour se rendre maistres & despoüiller les Guelphes de force & d'authorité. Il est vray que cōme iamais la corruption n'est si grande en vn Estat, ny la maladie si vniuerselle au corps, qu'il n'y ait tousiours quelque partie noble, saine & entiere, plusieurs familles & entre autres celle de Medicis se trouuerent à la fin esloignées de ceste contagion, plaines de bō sang & de vigueur, pour releuer la chaleur naturelle, purger les mauuaises humeurs & rēplir le corps de bon sang.

Mais comme le naturel de la faction est

de ne treuuer repos qu'au trouble : les Gibellins aduertis que Conrad auoit dressé vne belle armée pour succeder aux desseins de Manfred, aux droits de son Pere & courrir les Guelphes en Italie, partent promptement de la main, prennent l'occasion par les cheueux, & branlent pour se ruer sur leurs ennemis. Les plus lasches sont des Arates, & les plus froids bruslent d'ardeur de venir aux mains. Leur remuëment seruit de trompette & de tocsin aux Guelphes, qui craignant d'estre preuenus, firent approcher Charles d'Anjou pres de la ville, & donnerent tellement l'espouuãte aux Gibellins qu'ils les sortirent de la ville sans estre pressez, ny attendre le son de la Martinelle, craignans que pis ne leur aduint.

Le Pape Clement quatriesme donna le tiltre de Vicaire de l'Empire en la Toscane à Charles d'Anjou. Nicolas troisiesme de la maison des Vrsins, craignant que l'Italie ne se repentit d'auoir tant aduãcé la grandeur d'vn Prince estranger, luy broüilla sa fortune, & fit souz main qu'il quitta le gouuerne uernement de Florence au Cardinal Latin Eueſque d'Oſtie, lequel reünit & reconcilia les Guelphes & les Gibellins en vne meſme conſpiration pour la paix de leur ville.

Les Gibellins qui auoient pluſieurs grãds mouuements pour ſe defier de la reconciliatiõ de leurs ennemis, & qui craignoient de ſe hazarder ſur ces eauës dormantes de vieilles inimitiez, demanderent des oſtages choiſis des principales familles Guelphes pour la ſeureté de l'obſeruation du traicté, lequel entre-autres choſes portoit qu'il y auroit quatorze Gouuerneurs, ſept Guelphes & ſept Gibellins, eſleuz neantmoins tous les ans à la deuotion du Pape. Ceux qui eſtoient demeurez pour neutres parmy ces diuiſions, & auoient faict ceder leur prudence à ce qu'ils ne pouuoient vaincre, voyans les affaires de Frideric ſecond en mauuais eſtat, trauaillerent à la reünion de leurs citoyens, rappellerent les abſens, aſſoupirent les deffiances, & eſtoufferent toutes les ſemences des vieilles inimitiez.

En ceſte concorde ils prindrent & demantelerent Volterre, contraignirent Piſtoye, Arrezzo & Sienne de ſe liguer auec eux. La bonace ne dura que dix ans, & ne fut qu'vn preſage de la grande tormente qui s'eſleua toſt apres, car comme les Gibellins virent que Manfred fils baſtard de Frideric decedé l'an 1259. s'eſtoit ſaiſi de Naples, & pris les armes contre les Guelphes, luy donnerent entrée en leur ville, comme protecteur, qui depuis s'en fit Seigneur, & laiſſa le gouuernement au Comte Iordan, lequel ſe retirant à Naples pour le ſeruice de ſon maiſtre, laiſſa pour lieutenant le Comte Gui Nouello.

Le Pape Vrban IIII. voyant l'auantage que les Gibellins auoient pris ſur luy par la conqueſte de Florence, ne trouua plus prompt expedient que d'appeller Charles d'Anjou, frere de Loïs Roy de France, lequel entrant en Italie gaigna vne bataille contre le Comte Beneuent, le 6. de Feurier 1265. en la campagne de Beneuent. Le bonheur de ceſte victoire remit le courage aux

Guel

Guelphes de Florence auec lequel ils chasserent les Gibellins & le Comte. Tost apres le peuple content de voir sa liberté restituée, & ceux qui la vouloient opprimer chassez, rappella tous les citoyens de l'vn & de l'autre party, reünit toute la ville en vn mesme consentement, de se maintenir libres, & ne fauoriser le Pape ny l'Empereur au prejudice de leur liberté.

Martin natif de Tours amateur de la grãdeur de la Coronne de France arriuant à la chaire de Rome, en l'année 1281. rendit à Charles d'Anjou l'authorité que son predecesseur luy auoit retranché sur la Toscane. Violente occasion, de nouuelles persecutions sur les Gibellins, qui furent esloignez des charges publiques, & les Magistrats au lieu de douze reduits à trois, puis à six & à neuf, en fin à douze: ils furẽt nommez Prieurs pour ne commander que deux mois.

Les Gibellins cependant cedoient aux Guelphes qui lors auoient le vent en poupe, parce que Charles d'Anjou auoit defaict en bataille rangée Conradin luy auoit faict trancher la teste, & auec luy exterminé la maison de Suaube, laquelle auoit tenu l'Empire cẽt quinze ans, & le Royaume de Naple septante six. Mais apres les Vespres Sicilienes l'an 1282. la maison d'Arragon s'estant emparée des Royaumes de Naple & de Sicile, la ville de Florẽce commença d'ouurir les yeux, & de se retirer de ses fatales diuisions, lesquelles la faisoient la fable de ses voisins, & l'eussent rendu en fin la proye de ses ennemis.

Sur ce nasquit ceste fatale querelle des Blancs & des Noirs, qui s'est renduë memorable à la posterité par le meurtre d'vn grand nombre de citoyens, & par l'embrasement de dixsept cens maisons qui rendit Florence tellement affoiblie, que ne sçachãt plus où se tourner, elle se rẽdit à Charles de Valois, qui d'vne fieure intermittẽte en fit vne continuë, & ne pouuant autre chose, se retira en Sicile & de là en France.

L'Empereur Henry entra en Italie pour releuer les Gibellins abbatus & de cœur & de de moyens, aſsiegea Florence, mit en ban les Guelphes.

Les Florentins recoururent à la protection du Roy de Naples, qui leur donna pour gouuerneur le Duc d'Adria, lequel ils chaſserent, & puis, comme ceux qui ont la fieure & qui pour changer de lict ne changent d'accez, ils appellerent Lando Dagobio, & apres luy le Comte Guy Bontifoli. La perte qu'ils firent contre Caſtruccio de Lucques cauſa qu'ils retournerent mandier ſecours à Charles Duc de Calabre, lequel enuoya premieremẽt le Duc d'Athenes, puis y vint en perſonne l'an 1326.

D'autre coſté les exilez de Florence attirerent Louïs de Bauiere Empereur en Italie : cependant le Duc d'Athenes auoit acquis tant de creance parmy le peuple, qu'il ne luy reſtoit que le nom de Prince, auquel tous ſes deportemens le menoient.

Il n'auoit autre loy que ſa volonté, ny autre volonté que ſon ambition, laquelle il faiſoit conduire en triomphe à trauers les loix & libertez de la republique. Dieu qui

donne

donne les Principautez, diſpoſe les cœurs des peuples à l'obeïſſance, les Tyrans n'eſtans obeïs que par force, ne ſont iamais aſſeurez en leur authorité. Il en fait pour la punition des peuples, comme les Rois & Princes des Eſparuiers, ils les nourriſſent parmy leurs delices, & puis les iettent à la voyrie. Le Duc d'Athenes penſant eſtre au plus haut de ſes eſperances en fuſt precipité & chaſſé de la ville.

Ceux de la maiſon de Medicis furent les premiers qui le contraignirent à demeurer dans les termes de protecteur & d'amy, non de maiſtre ou d'vſurpateur & qui le deſpouillerent de ceſte violente authorité, dont il ſe penſoit maintenir.

La choſe publique eſtoit eſtrangement difformée & les gens de bien attendoient quelque reformation, quand Sylueſtre fils d'Alemano de Medicis, monta en la dignité de Gonfalonnier: mais les moyens de reformer l'Eſtat dependoient de l'authorité de tant de iugements, & d'vn ſubjet ſi vague & inconſtant, qu'il n'y en eut qu'vne

extreme

extreme confuſion d'opinions. Sylueſtre recogneut bien que ſon ſiecle n'eſtoit pas capable d'vne bride ſi courte & ſi reglée, que la licence auoit pris trop d'accroiſſement, qu'il y auoit du peril à remuer les choſes paſſées, & neantmoins pour ne laiſſer le mal ſans remede, il fit voir qu'il ne deſiroit rendre ſa charge autremẽt remarquable, que par vne generale reformation des deſordres paſſez.

Ceux qui craignoiẽt que leurs actions ne fuſſent recherchées, leurs complices punis, ſouſleuerent le peuple à la mutinerie. Ils aymoint mieux ſuiure le deſordre que de le commencer, auſsi ſont les hommes plus prompts à voir qu'à mouuoir la ſedition. Ils cornent à l'oreille des plus turbulents, que les Grands auoient nouueaux deſſeins à la ruïne des petits. A ce cris comme eſclaues qui quittent la rame au ſignal du Comite, tous les artiſans ſont en armes, s'emparent du Palais, mettẽt le feu aux maiſons. Vn Cardeur de laine des plus ſeditieux prit l'enſeigne du Gonfalonnier, & ſur l'appuy de quatre petits artiſans, eſtablit ſa ſouueraineté à la diſcretion de la plus vile partie du peuple, de ſorte que les talons commanderent à la teſte.

Ceſte deplorable confuſion qui auoit effacé toutes les beautez de ceſte republique, dura depuis l'année 1378, iuſques à l'année 1381. que les nobles familles indignées de ſe voir maſtinées par la plus abjecte populace, reueillerent leur vertu pour ſe remettre en leur premiere ſplendeur & l'Eſtat en l'ancienne Police.

Viery de Medicis appaiſa ceſte diuiſion, rendit au Senat ſon authorité, & au peuple ſa franchiſe. Machiauel apres tous ceux qui ont eſcrit l'hiſtoire de Florence, dit qu'il auoit telle reputation, que s'il euſt eu plus d'ambition que de prud'hõmie, il pouuoit ſans difficulté s'emparer de la puiſſance ſouueraine de la republique.

Elle eſtoit lors agitée au dedans, par les diuiſions des citoyens, & au dehors par les efforts & les armes des Viſcõtes de Milan qui tenoient la campagne. Iean de Medicis

dicis eut aſſez de prudẽce, pour ſecourir ſa patrie en l'vne & l'autre occaſion. La guerre eſtrangere auoit couſté en peu de temps trois millions ſix cens ducats au threſor public, les particuliers en eſtoient du tout appauuris. Il ne refuſa de ſecourir les neceſſitez publiques de l'eſpargne de ſes grandes richeſſes : & preferant la Iuſtice commune à ſon propre intereſt, fit paſſer en forme de Loy, Que la contribution des fraiz de la guerre ſeroit commune, & que les grands y entreroient comme les petits pour leur part. Cela le fit appeller le Dieu tutelaire de la patrie, & deſlors le peuple n'approuuat commandement que le ſien.

Il eſt mal-ayſé de tenir ſa veuë ſubjecte & contrainte deuant ſes pas, quand on a tout autour de ſoy des objects dignes pour la deſtourner. Iean de Medicis voyoit toute l'authorité du Senat coulée entre ſes mains, tous ſes amis le conſeilloient de s'en ſaiſir, puis que ſans diſpute elle s'offroit à luy, il n'y voulut entendre, proteſtant que il ne deſiroit autre authorité en la Republique, que celle que la Loy luy pouuoit permettre.

Cosme son fils continua les maximes de son pere, & se rendit comme luy le recteur & le directeur de tous les affaires. Il auoit vne façon populaire & vn cœur de Prince, ces richesses ne luy seruoient que pour faire triompher ses vertus : il estoit vestu en citoyen & viuoit en Roy. Sa maison estoit le refuge des pauures, l'autel des affligez, le temple de Iustice, & la retraicte des plus beaux esprits d'Italie. Cosme estoit tout en Florence, & sans luy Florence n'estoit rien. Les Grands jaloux de la creance & de l'authorité qu'il auoit parmy le peuple, commencerent à veiller & espier ses actions, & comme les cantharides de l'enuie s'attachent tousiours aux plus belles fleurs de la vertu, firent croire au peuple qu'il auoit entrepris sur la liberté de la ville pour s'en rendre maistre, & que sa liberalité & sa pieté, n'estoient que la couuerture de son ambition.

Il ny a rien de si dangereux en vn estat

paiſible que l'accroiſſement de la fortune & de l'authorité des perſonnes priuées. Ceſte faueur populaire reſſemble aux riuieres leſquelles coulent doucement comme venant de petites ſources, ſi on les laiſſe croiſtre les petits ruiſſeaux s'y rendent & les enflent en telle ſorte qu'on ne les peut plus gueer ny arreſter. Mais il eſt mal-aiſé d'abatre ce que le ciel veut eſleuer, & de couper la racine à vn arbre qui rejette touſjours. La grace, la magnificence, la publique bien-vueillance de Coſme eſt ſuſpecte aux grands. On ſe reſoult d'aller au deuant.

Bernard de Gadagne lors Gonfalonnier, pour le mois de Septēbre & d'Octobre de l'année 1433. le manda au palais par l'aduis du Senat, le fit mettre priſonnier. Le troiſieſme d'Octobre, eſtant relegué à Veniſe, il ſupporta cet exil auſsi conſtamment que Metellus, auſsi alegrement que Rutilius. Il ne laiſſa rien à Florēce de ce qui luy eſtoit propre, car ſes vertus l'accompagnerent par tout. Il s'esjouïſſoit ayāt tant de temps flotté aux ondes de mourir au port. Ceste abſence luy mit en main de grands moyẽs de faire voir les belles qualitez de ſon eſprit & de ſa fortune. La Seigneurie de Veniſe le receut auec honneur, entendit pluſieurs fois au Conſeil, ſes graues & ſages aduis, les plus grands d'Italie luy offrirent & ſecours & aſsiſtance contre l'ingratitude de ſa patrie,laquelle ne peut long temps ſouffrir l'eclypſe de ce Soleil: & ne ceſſa qu'au bout de l'an, il ne fut rappellé & remis en ſes premiers honneurs.Elle luy donna à ſon retour d'vn conſentement general le tiltre de pere de la patrie, & voulut qu'il fuſt graué ſur ſon tombeau. Ceſt luy qui ietta les premiers fondemens de la ſouueraineté de ſa maiſon en la Republique de Florence, par des voyes iuſtes & legitimes,& auſquelles on recognoit des viſibles teſmoignages de la prouidence de Dieu, pour recompenſer le zele, la pieté, la Iuſtice & la Religion de ceſte maiſon.Ceux qui aſpirent aux ſouuerains commandemens, doiuent cõſiderer que la montée eſt ſi haute,ſi te, si droite, & si mal escarpée, que plusieurs se precepitent auant que d'estre au dessus, s'ils ne sont soustenus d'ailleurs. Il n'y a ny meilleur, ny plus asseuré soustien que celuy de la vertu, qui dispose les cœurs des peuples à prester l'espaule. Pource les Florentins admirãs en Cosme tant de royales vertus, & le recognoissant estre né pour aller deuant, le suyuirẽt volontiers, estimans que soubs sa conduite la paix, ny la fortune de la Republique ne se pouuoit esgarer, ny perdre. Pource quand quelque grand esloigné de ceste authorité s'opposoit à celle des Seigneurs de Medicis, & souleuoit la ville en des reuoltes & seditions, ils remonstroient tousiours qu'en cela la Republique estoit plus offencée que leur maison, laquelle n'auoit autre pouuoir que celuy que le Senat luy auoit donné. Les authoritez vsurpées sont odieuses, non celles que la vertu donne pour recompence du merite & du seruice faict à la chose publique. Iamais Seigneur de ceste maison ne monta aux premieres charges par force: Cosme

Cosme ne voulut retourner de son exil par la force des armes, comme il eut peu ; & ne reuint que lors que le Senat le r'appella. La Republique est vn Soleil, on se doit cõtenter de la lumiere qu'elle donne par ses raïons, qui voudra y arrester ses yeux pour l'auoir plus grande y perdra la veuë. En effect Cosme fust vn veritable Patron que nature choisit, pour faire voir à son siecle iusques à quoy la cõstance, la moderation & la fermeté de l'homme pouuoit arriuer.

Pierre de Medicis son fils ne perdit rien de la creance & du rang qu'il luy auoit laissé en la Republique, mais Laurens de Medicis son fils y apportat vn grand aduancement: car se voyant chery du peuple, honoré & asseuré de l'amitié des Ducs de Milan, parla bien plus haut. La Seigneurie permettoit l'accroissement de ceste authorité, ou pour ne l'irriter à entreprendre dauantage, ou parce qu'elle recognoissoit bien le peril qu'il y a & le danger ou l'on met vn Estat, quand on esloigne les familles nourries & elleuées en la conduite des affaires,

affaires, pour en introduire d'autres.

Quelques Seigneurs de la maiſon des Pazzy, Saluiaty, & Bandiny impatiens de la tranquillité de l'Eſtat & de la forme du Gouuernement, ſe reſoulurent d'en abbatre les deux plus fortes colomnes, Laurent & Iulian de Medicis, & entreprindrent de les tuer en l'Egliſe de S. Reparée, lors qu'ils entendroient la Meſſe. De l'Egliſe qui eſt l'aſyle des parricides, & où tout meurtre eſt execrable ils font vn brigandage. L'eſleuation de l'hoſtie fut donnée pour le ſignal de l'execution. François de Pazzy voulant ſçauoir ſi Iulien eſtoit armé, le touchat, & luy dit qu'il auoit pris de l'embonpoint en ſa maladie, & le trouuãt deſarmé luy plongea vn poignard au droit du cœur, auec Bernard Bandini.

Iean Baptiſte de Monte Secchо eſtoit la pour tuer Laurent, mais ſoit qu'ayant parlé à luy auant la Meſſe, & recognu tant de douceur & de vertu en ce Seigneur, qu'il jugea le ſalut public dependre de ſa vie, ou qu'il fuſt retenu de la crainte de celuy, en la puissance & tutelle duquel sont les Estats & ceux qui les gouuernent, il laissa sauuer Laurens en la sacristie. Le peuple y accourt Laurens est conduit en son palais, toute la ville en arme, n'a en la bouche, ny au cœur que le nom de Medicis, les conjurateurs sont pris, & sans autre forme de proces estranglez & pendus aux fenestres, ceux la seulement furent sauuez ausquels Laurens pardonna, & qu'il tira de la fureur du peuple.

Les Pazzy, Bandiny & Saluiaty chassez de Florence pour ce meurtre, supplierent le Pape Sixte quatriesme ennemy de la maison de Medicis, & le Roy Ferdinand d'Arragon de les prendre en leur protection.

Alphonse Duc de Calabre fut general des forces que le Pape & Ferdinand d'Arragon leurs donnerent, declarant que ceste guerre ne se faisoit contre les Florentins, mais contre la maison de Medicis, & qu'il n'y auoit autre moyen d'auoir la paix qu'en exauthorant Laurens de Medicis. Contre tous leurs efforts Laurens accompagné de ſa prudence, & d'vn grand courage, conſerua ſon authorité entiere, & tira de ſes ennemis vne paix honorable à l'accroiſſement de ſa reputation. Il aſſembla les plus apparens de la ville, & apres leur auoir repreſenté que l'enuie de ſes ennemis offençoit plus la republique que ſa maiſon, il declara que puis-que le Pape & le Roy d'Arragon diſoient n'auoir leué les armes que contre eux, il ne vouloit eſtre ſi mal affectionné au ſalut public que de le poſtpoſer à celuy de ſa famille, que pource il ne refuſeroit iamais d'eſteindre ce feu & finir la guerre par ſon propre ſang, comme elle auoit commẽcé par celuy de ſon frere.

Apres la mort de Laurens, ceſte faueur du peuple tourna le dos à la maiſon de Medicis, quand Charles huictieſme paſſa à Naples. Pierre de Medicis fils de Laurens recognoiſſant bien que les Florentins ne pouuoient de viue force empeſcher ſon paſſage, luy allat au deuant : & pour ſauuer le tout des fureurs de la guerre, luy remit quelques pieces de Toſcane,& entre autres Pyſe & Lybourne.

Ceſte capitulation le rendit ſi odieux au Senat & au peuple, que par ordonnance publique luy & Iean ſon frere, furent declarez ennemis de la patrie, leurs teſtes priſées, leurs maiſons pillées, & ces riches meubles recueillis par tant de ſoing & tant d'années, des plus rares endroits du monde vendus à la diſcretion du peuple. Le Roy Charles paſſant à Florence logeat au Palais de Medicis, Madame Alfonſine femme de Pierre de Medicis, luy repreſentat la ruïne de ſon mary, de ſon enfant, de ſa maiſon & ſuppliat ſa Majeſté pour ſon retour. Le Roy gaigna cela ſur le Senat que Pierre de Medicis retourneroit en ſa maiſon & en ſes biens, mais s'eſtant retiré à Veniſe il fut oublié auſsi toſt que le Roy eut quitté Florence pour aller à Rome. Il demeura dix ans en ceſte peine, employant ores la protection du Pape Alexandre Borgia qui le trompat, ores celle de l'Empereur, qui ne luy ſeruit de rien.

Il n'eut à la fin refuge plus asseuré que l'armée du Roy Charles viij. en laquelle il s'employa valeureusement contre Ferdinand Roy d'Arragon, & mourut en son seruice. Sa maison fust tousiours en tormente iusques à la promotion & Pontificat du Pape Iules, lequel fauorisa & assista les Medicis aussi constamment que le Pape Sixte quatriesme en auoit desiré & recherché opiniastremẽt la ruïne. Il honnora Iean de Medicis Cardinal, de la legation de Bolongne, fit assigner vne iournée à Mantouë pour aduiser aux affaires de la guerre. Il y enuoya son Legat. D. Raymond de Cardone, Vis-Roy de Naples s'y trouua, & les Ambassadeurs de l'Empereur, des Venitiens & des Suisses. La principale resolution de l'assemblée & la mieux executée, fust pour remettre la famille de Medicis aux biens & honneurs qu'ils tenoient à Florence. Le Pape pressat cela en telle sorte, que ce fust la premiere expedition où le Vis-Roy de Naple employa les armes de tous les confederez. Il assiegea & emporta de viue force la ville de Prato, où furent tuez plus de deux mil hommes de la part des Florentins, & plusieurs prins : dequoy espouuantée la ville, diuisée en elle mesme, & la maison de Medicis y ayant encores de grands amis, & de puissantes intelligēces, receut Iulian de Medicis, lequel y fist son entrée en Prince, tous les ordres de la ville luy allant au deuant, & luy donnant le nom de Seigneur, que par modestie il refusat.

Mais comme les Florentins veirent que l'Empereur Charles V. auoit pris Rome, & que le Pape estoit prisonnier au chasteau S. Ange, ils chasserent Alexandre & Hippolite de Medicis, effacerent & arracherent de tous endroits de la ville leurs armoiries, rompirent les statuës de Leon & de Clement. Depuis le Pape s'accordant auec l'Empereur, par l'armée duquel Florence fut asiegée & contrainte de receuoir ceste loy du vainqueur, Qu'Alexandre de Medicis espousāt Marguerite d'Austriche, seroit Duc & Prince de Florence, & apres

luy

luy ſes enfans hoirs, & ayans cauſe.

Alexandre fut tué par Laurens ſon couſin, Coſme de Medicis ieune Prince, & en l'aage de vingt à vingt-deux ans luy ſucceda, & aſſeura par ſa prudence & valeur l'eſtat. De trois Republiques, Florence, Piſe, Sienne, au milieu & meilleur païs de l'Italie, il en fit vne Duché, où ſa poſterité regne heureuſement.

Ainſi ces Princes ſont montez par ces degrez au plus haut de l'Empire de Toſcane par les aiſles de leur propre vertu. Ce n'a pas eſté vn ſimple effect de Fortune. On y recognoiſt des viſibles remarques de la prouidence de Dieu. Auſsi les puiſſances ſouueraines ne ſont point eſtablies & affermies par conſeils humains, elles viennent de ſa main, laquelle ſuſcite quand il luy plaiſt, des familles ſelon ſon cœur, leur donne le courage & l'addreſſe à bien commander, & rend les volontez ſouples & faciles pour leur obeïr.

L'eſtoc de ceſte maiſon ſe peut bien prẽdre plus haut que Iean pere de Coſme & de de Laurens : car il eſt parlé en l'hiſtoire de Florence & de Sylueſtre , Viero, Auerard, Allemanno, & auant tout cela, de Vannes, & de Manno , qui furent employez aux premieres charges, lors que Louïs d'Anjon ſecourut les Florentins contre Ladiſlas Roy de Hongrie , il y a pres de trois cens ans. L'autheur toutesfois pour n'auoir peu tirer des tenebres de l'hiſtoire la droicte ligne plus haut que Iean de Medicis , il l'a faict icy le tronc de l'arbre.

JEAN DE MEDICIS chef des deux branches de la maiſon de Medicis.

LA fortune luy donna des richeſſes plus qu'à nul autre d'Italie, & ſa vertu tant d'admiratiõ, que ſes ennemis meſmes l'eſtimerent plus grãde que l'authorité qu'il auoit en la Republique, & ſa reputation moindre que ſon merite. Il fut l'Eſculape de de Florēce ayant relié & recollé par ſa prudence les membres diuiſez & rompus de la republique, & ſerui de barriere contre la violence des grands qui vouloient accabler les petits. Machiauel dict, qu'il ne paruint iamais aux charges & eſtats qu'il a exercez par brigues, n'alloit au palais ſans y eſtre appellé, que mourant il appella Coſme & Laurens ſes enfans, & leur dit, que ce qui le rēdoit en ce paſſage plus allegre, eſtoit l'integrité de ſa conſcience, n'ayant memoire d'auoir faict tort à perſonne, ains aſsiſté de ſes moyens tous ſes citoyens : les exhorta de ne prendre aucune authorité en l'eſtat, que celle que d'vn commun cōſentement leur ſeroit accordée, & ſe ſouuenir de ceux qui voulans faire autrement, auoient ruïné la ville & deſtruit leur maiſon. Parmy tant de tēpeſtes & de naufrages, il tint touſiours le timon du vaiſſeau droict, & ſe rendit inuulnerable à toutes calomnies. Quelques vns tiennent que les grandes richeſſes de ceſte maiſon ſont prouenuës en partie de la prinſe de Conſtantinople.

L'inſcription,

IOAN. MED. CVLTV CIVI, AVTORIT. ET REGIIS VIRTVT. PRINCIPI AVITAE LIBERTATIS PAVCORVM CONSPIRATIONE ET SCELERE OPPRESSÆ LIBERATORI.

PREMIERE BRANCHE de la maiſon de Medicis.

I.

COSME DE MEDICIS.

IL faut vn ſiecle tout entier pour produire vn grand perſonnage en ſa profeſsion. C'eſt merueille quãd on en trouue vn parfaict en moins de tẽps. Le quatorzieſme ſiecle de l'aage du mõde, depuis la redemption fit naiſtre Coſme le plus grand homme & la plus grande ame de Toſcane, *Di cui la patria ſua ſi chiamò figlia.* Il n'y en euſt point en Florence qui portaſt plus haut le pris d'vne excellente

reputa

reputation. Il auoit des qualitez de Prince, l'entendement grand, la prudence admirable, le diſcours prompt & graue, les mœurs & façons de faire genereuſes, charitable enuers les pauures, officieux aux affligez, liberal aux Hoſpitaux, magnifique aux baſtimens: Il fit baſtir les Temples de S. Marc, S. Laurens, S. Verdiana à Florence. Il embellit la ville d'vn ſuperbe Palais, en baſtit quatre aux champs. Il fit edifier vn Hoſpital en Hieruſalem pour les Pelerins, fit venir Argyropulus pour enſeigner les lettres Grecques à la ieuneſſe de Florẽce, donna à Marſile Ficin vne terre pres de ſa maiſon de Careggio, pour plus librement & commodémẽt vacquer à ſes eſtudes. En ceſte liberalité il paſſa tous les Seigneurs de la ville, égalla les Princes d'Italie, s'ouurit la barriere à vne incomparable reputation. Souz le nom de Pere de la Patrie qui luy fut donné par le Senat, il exerça vne puiſſance abſoluë en la Republique, & eut le pouuoir de Prince, bien qu'il en refuſa le nom. Il naſquit l'an 1389. le iour S. Coſme

& S. Damian : mourut au ſeptantieſme an de ſon aage, l'an 1459. commanda en la Republique trente & vn an, laiſſa deux fils, Iean le chef de la brãche des grands Ducs & Pierre la poſterité duquel eſt finie par la mort de la Royne Catherine.

L'inſcription,

COSMO MED. ETRVSCI IMP. FVNDATORI PATRI PATRIAE.

II.

PIERRE DE MEDICIS.

IL trouua apres la mort du grand Coſme ſon pere qu'indifferemment toutes les familles de Florence auoient eſté ſecouruës de ſes moyens. Ses propres vertus, la memoire de celles de ſon Pere luy donnerent les meſmes hõneurs qui auoiẽt accompagné à la ſepulture ſes predeceſſeurs. Il tenoit train de Prince. Ses ennemis ne pouuans ſouffrir vne ſi grande lumiere conſpirerent de l'eſtaindre. La coniuration de le tuer reuenant de ſa maiſon de

Car

Carreggio, ſembloit d'autant plus facile que ſes longues maladies le priuoient de toute defence. Il en fut aduerty, & deſtournant ſon chemin deſtourna le coup. Auſsi toſt qu'il fut à la ville les conſpirateurs furent par commandement du Senat chaſſez de la ville. Il fut aimé des bons, craint des meſchans, & loüé de tous. Les grandes richeſſes ne luy cõſeruerent tant de volõtez, que ſa propre vertu luy en acquit, eſtimant que tant que la vertu luy donneroit des amis, il n'auoit que faire de les emprunter de la fortune.

L'inſcription,

PETRO MEDICI DOMI OMNIVM ORDINVM CONCORDIA CLARIS. FORIS PRINCIP. AMICITIA POTENTIS. PATRIÆ ORNAM. CONSPIC.

III.

LAVRENS DE MEDICIS.

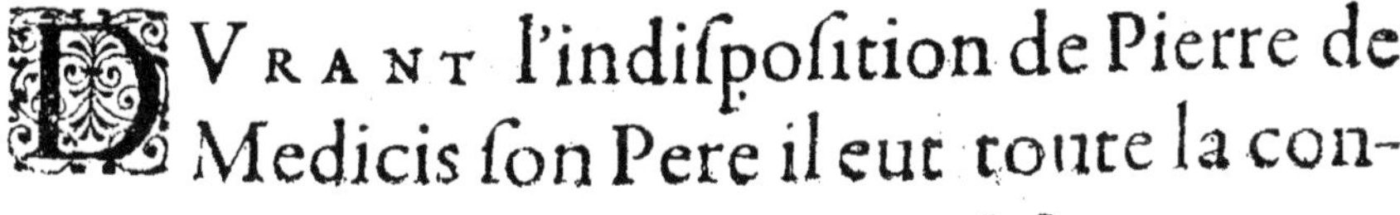

DVRANT l'indiſpoſition de Pierre de Medicis ſon Pere il eut toute la conduite des affaires de la Republique de Florence, & s'en rendit ſi capable qu'à vingt ans ſes conſeils furent eſcoutez & approuuez par les plus ſages & experimentez. Il ſe plaiſoit aux liures de Platon, que Marſile Ficin auoit traduis pour ſon vſage, & diſoit qu'il eſtoit impoſsible ſans cela de ſe rendre ny grand Politique ny bon Chreſtien. Il veit ſa reputation en la fleur de ſon aage eſleuée & eſparſe par tout. Le Roy Louïs XI. fit eſtat de ſon amitié, luy offrit ſecours contre Ferdinand Roy d'Aragon, & luy enuoya à ceſt effect des forces ſous la conduite de Monſieur d'Argenton. Le Soudan d'Egypte luy enuoya de grands preſens pour gaigner ſon amitié. Mathias Roy de Hongrie recourut à ſa prudence aux affaires plus deplorez du Royaume. Bajazeth luy remit entre les mains Bernard Bandini, qui apres l'aſſaſsinat de Iulian ſon frere, s'eſtoit retiré en Aſie. Le Pape Innocent VIII. faiſoit tel eſtat de ſon amitié, que pour la noüer d'vn neud plus eſtroit, il demanda ſa fille Magdalene

lene pour François de Cibo ſon fils. Il n'oublia rien que les iniures, ne ſe ſouuenant de ſes ennemis que pour leur faire du bien. Ainſi les arbres ne laiſſent de produire des fruicts, & donner l'ombrage à ceux qui les ont chargez & battus. Il eſpouſa Madame Clarice des Orſins, & eut d'elle trois fils & quatre filles. Il mourut en l'aage de 44. ans, laiſſa la vertu en eſtime, le peuple en liberté, la nobleſſe en honneur, & la ville abondante de tout bien. L'Empereur Ferdinand ayant nouuelle de ſa mort, dict qu'il auoit aſſez veſcu pour luy, & trop peu pour l'Italie. Il n'eſtoit né qu'aux choſes grandes, ſa prudence aux grandes entreprinſes, ſa conſtance en toutes les ſciences tant practiques que ſpeculatiues, ſa religion & pieté, ſa ſplendeur & toutes ſes actions, ſon courage contre l'enuie des ſiens, & les conſpirations des ennemis luy donna par toute l'Europe vne reputation égale à ſes merites. Les hommes de lettres faiſoient de ſa maiſon ce que faiſoient autre-fois les faillits des colom-

nes

nes & des ſtatuës des Princes. Il enuoya à Iean Laſcaris Conſtatinopolitain, pour recueillir des plus fameuſes Bibliotheques de l'Aſie & de la Grece les meilleurs liures, pour enrichir la librairie que ſon ayeul auoit commencé. Il en raporta des liures non ſeulement rares, mais vniques, & qui ne ſe peuuẽt trouuer ailleurs qu'en ce threſor, lequel a eſté amplement enrichy par les Papes Leon & Clement VII. Nicolas Valori gentilhomme Florentin a faict vn liure entier de ſa vie.

L'inſcription,

LAVRENTIO MEDIC. ELATI ANIMI ET IMPAVIDÆ CONSTANT. PRINC. PVB. TRANQ. AVTORI, LITERARVM PATRONO.

IIII.

LEON X.

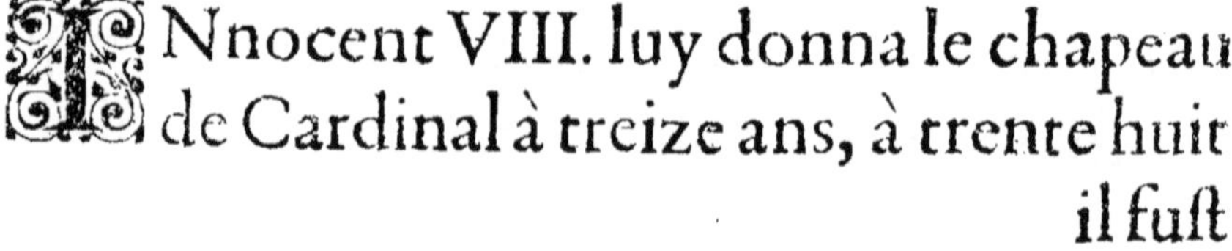

INnocent VIII. luy donna le chapeau de Cardinal à treize ans, à trente huit il fuſt il fust faict Pape. Il voulut estre coronné le vnziéme Auril pour effacer la memoire du malheur de la bataille de Rauenne auenuë à tel iour l'année precedente, & monta le mesme cheual blanc sur lequel il fut faict prisonnier. La ville despuis le sac des Goths n'auoit veu iournée plus celebre en pompe, liberalité, ny magnificence, que celle de son coronnement, & tout le peuple se promettoit vn siecle d'or souz son Pontificat. Pource aux Arcs qui furent dressez au chasteau S. Ange on mit ces vers pour la difference des regnes de ses predecesseurs & du sien.

OLIM HABVIT CYPRIS SVA TEMPORA, MAVORS,
OLIM HABVIT, SVA NVNC TEMPORA PALLAS HABET.

Il deschargea le peuple des Gabelles du sel, & le Senat en recompence de ce bien faict, luy dressa vne statuë au Capitole auec ceste inscription, OPTIMI LIBERALISSIMIQVE PONTIFICIS MEMORIÆ. S. P. Q. R.

Ayant descouuert vne conspiration de quelques Cardinaux sur sa personne, il leur osta le chapeau, & pour remplir le Consistoire de nouuelles & confidentes creatures, fit trente Cardinaux. Il disoit souuent que son pere luy auoit appris trois choses qui apportoiẽt tousiours au Prince, qui en vsoit, de l'asseurance & de la prosperité aux affaires. Suiure le conseil des Sages, n'oublier les amis absens, ne mespriser aucun aduis où il va du salut du Prince ou de l'estat. Il arresta les Concordats de l'Eglise Gallicane auec le Roy Frãçois I. à Bologne.

Il procura le mariage de madame Philiberte de Sauoye, sœur de Louyse de Sauoye, mere du Roy François I. auec Iulien son frere, fit la celebration des nopces auec vne telle pompe, que la despence venoit à cent cinquante mil escus. Apres la mort de Iulian sans enfans, il enuoya Laurens son neueu à Florence pour y commander, & le fit Duc d'Vrbin. Il mourut de poison le quarante-septiesme de son aage, & de son siege le VIII.

L'inscri

L'inſcription,

LEONI X. PONT. OPT. MAX.

VI.

PIERRE DE MEDICIS.

SEs vertus furent contraintes ceder à la fortune, qui le fit demeurer dix ans hors de ſa maiſon & de ſa patrie tant obligée à ſes merites & à ſes ſeruices. Eſtãt hors de Florence le Roy Charles VIII. luy manda d'y reuenir, l'aſſeurant qu'il auoit aſſez de pouuoir pour le mettre en ſeureté au milieu de ſes ennemis. Philippe Comte de Breſſe frere du Duc de Sauoye luy eſcrit le meſme. Les Venitiens craignãs que ſon retour à Florence n'apportaſt de l'aduancement au ſeruice du Roy, luy conſeillerent, plus pour la conſideration de leur intereſt que de ſon bien, de ne bouger de Veniſe, & attendre vne autre occaſion de releuer les ruines de ſa fortune & de ſa maiſon. L'armée du Roy par ſon moyẽ fit de grãds progrez en Italie. Il fut cause que Florence se meit souz sa puissance, luy donna les villes de Pise & de Liuorne pour les tenir tant que la guerre de Naples dureroit, & luy fournit six vingt mille escus pour ceste expedition. Aussi le Roy en ceste capitulation voulut que Pierre de Medicis eust main-leuée de tous ses biens & l'asseurance de rẽtrer en la ville apres la guerre de Naples, mais il se noya au Gariglian voulant sauuer l'artillerie du Roy à Gayette, l'an 1503.

L'inscription,

PETRO MEDICAEO IMPER. CLARIS. CAROLO VIII. FRANCORVM ET NEAPOLIS REGI CHARIS. IMMATVRA MORTE AD LYRIM INTEREMPTO.

VII.

IVLIAN DE MEDICIS.

IL remeit le nom de Medicis en sa premiere splendeur à Florence, où il fut

fut receu, ſalué, & honoré cõme ſeigneur, & Soderin qui penſoit rendre la dictature perpetuelle & le Gonfalon hereditaire en ſa maiſon, chaſſé & deſpouillé de toute authorité. Entrant à Rome en l'an 1513. le Senat luy dreſſa vn triomphe au Capitole celebré par les plus beaux eſprits de ſon ſiecle. Le Pape Leon X. ſon frere le fit chef & lieutenant general des forces de l'Egliſe en Italie. Il le maria auec madame Philebertę de Sauoye, ſœur de Louyſe mere du Roy François premier, la fit conduire de Nice à Rome, & delà apres la mort de Iulian en France. Vne fieure l'emporta au milieu de ſes contentemens, & des grands deſſeins qu'il auoit ſur Milan. D'vne dame veufue de la ville d'Vrbin il eut Hippolyte de Medicis, Cardinal & Legat en Hongrie vers l'Empereur.

L'inſcription,

IVLIANO MED. DVCI NEMORSIO SENAT. FLORENT. PRINCIPI, PONTIFICII EXERCITVS PER ITALIAM IMPERATORI.

VIII.

IVLIAN DE MEDICIS.

LA douceur de ſes meurs, la generoſité de ſon naturel, ſa magnificence & ſa liberalité luy acquirent la bien-vueillance que le peuple de Florence luy teſmoigna en ſa vie & apres ſa mort. On l'appelloit en ſes premiers ans le Prince de la ieuneſſe de Florence. Ange Politian qui fuſt ſon precepteur, a eſcrit l'hiſtoire de ſa mort, & fait vn excellent Poëme ſur les tornois qu'il fit à Florence à la veuë de toute la Nobleſſe d'Italie. Sa femme accoucha vn mois apres ſon aſſaſsinat, d'vn fils qui fuſt nommé Iules & deſpuis Clement VII. Celuy dont le Pere auoit eſté maſſacré en l'Egliſe, fuſt eſleué à la ſouueraine dignité de l'Egliſe.

L'inſcription,

IVL. MED. PRINCIPI OPTIMO GENEROSISS. FOEDA CONIVRATIONE INTER SACRA, ANTE ARAS, SVPERIS SPECTANTIBVS, CIVIT. LVG. IMMANITER CAESO.

IX.

CLEMENT VII.

IL ſucceda au Pape Adrian ſucceſſeur de Leon X. & eſprouua en ſon Pontificat ce que peut la fortune ſur les plus hautes dignitez du monde. Il veid la ville de Rome aſsiegée, priſe & pillée. Il ſe retira au chaſteau S. Ange auec quelques Cardinaux preſſé de telle neceſsité, que toutes les delices furent conuerties à ne manger que bien ſobrement de la chair des mulets. Pource craignant d'auoir pis, il ſe rendit, & promit de payer quatre cens mille eſcus pour les frais de la guerre. Il ſe veid en telle peine pour faire ceſte ſomme, qu'il fut cõtraint de fondre les vaſes ſacrez reſtez du ſac: & cela ne ſuffiſant, mettre au plus offrãt des chapeaux de Cardinal. Il diſoit qu'il falloit touſiours auoir deux grandes puiſſances pour amies, que c'eſtoit vne trop grande ſeruitude de n'en auoir qu'vne: & pource il allia ſa maiſon à celle

d'Au

d'Auſtriche par le mariage du Duc Alexãdre auec la fille de l'Empereur, & à celle de France par le mariage de Madame Catherine ſa niepce auec Henry Duc d'Orleans qui ſucceda au Roy François I. ſon pere.

L'inſcription,

CLEMENTI VII. PONT. OPT. MAX.

X.

LAVRENS DE Medicis.

IL fut general des armees & des forces de Florence. Le Pape Leon dixieſme le fit Duc d'Vrbin. On dict de luy qu'aſsiegeant Mondolphe aux terres qu'on nõme du Vicariat, il vit mettre le feu à vne piece braquée au deuant de luy, la preuoyance ou la fortune le fauoriſa ſi heureuſemẽt, qu'en ſe courbant, le coup qui ſans doute luy euſt donné en l'eſtomac, ne luy friza que le deſſus de la teſte.

Il

Il espousa Madame Magdelaine de Bologne mere de Catherine de Medicis, issuë des Roys de Portugal par le mariage du Roy Alphonse, & de Madame Mathilde fille aisnée de Regnaud Comte de Dampmartin, & de madame Ide Comtesse de Bologne.

L'inscription,

LAVRENTIO MEDICI IVNIORI VRBINI DVCI, SVMMAE RERVM ETRV. PRAEFECTO, CATHARINAE REGINAE CHRISTIANISS. PARENTI.

ALEXANDRE de Medicis.

LOVYS Duc d'Vrbin le donna à madame Alphõcine pour le faire nourrir cõme le fruict secret de ses amours. Le Pape Leon voyant que la branche de sa maison finissoit en Catherine de Medicis fille de son neueu, & recognoissant en luy de la generosité & du courage, le destina aux armes, & Hippolyte aussi donné de son frere Iulian à l'Eglise. Clement VII. le fit Duc de Florence par les armes,& l'alliance de l'Empereur Charles V. Il portoit pour embleme vnRinocerot,auec ce mot, *Non buleuo sin vencer*, pour monstrer que comme cest animal ne retourne iamais du cõbat contre l'Elephant, qu'il ne l'ait vaincu & terrassé,il ne vouloit tourner en arriere sans victoire. Laurens de Medicis son cousin le tua, & se sauua à Venise. Ainsi à mesme iour en diuerses années ceste premiere branche de la maison de Medicis est finie. Alexandre fut tué le 6. Ianuier, 1536. Catherine de Medicis mourut à pareil iour de l'année, 1589.

L'inscription,

ALEXANDRO PRIMO ETRVRIAE DOMITIS LONGA OBSIDIONE FLORENTINIS DVCI.

Laurens

I.

LAVRENS DE MEDICIS chef de la ſeconde Branche de la maiſon de Medicis.

IL meritoit de viure en vn ſiecle plus heureux, en vn eſtat plus paiſible. Florēce reſſembloit aux corps cacochimes qui pour ſains & vigoureux qu'ils paroiſſent, ont touſiours quelque venin aux parties les plus ſaines. Le peuple ſans ceſſe auoit de la mutinerie, le Senat de la diuiſion, les grands de l'enuie. La maiſon de Medicis eſtant comme au iour naiſſant des felicitez que ſa vertu luy promettoit, ſe voyoit contrainte de battre & abattre ces Hydres. Laurens de Medicis fils puiſné de Iean eſtant enuoyé vers Philippe Duc de Milan pour la guerre entrepriſe par les Florentins contre les Lucquois, apres auoir rendu des preuues bien grandes de ſa prudence & fidelité, fuſt recognu de la recompence ordinaire dont les communautez recompẽsent leurs Dions, leurs Phocions. Les peuples iugent tout par l'apparence, & perdent encor plustost l'opinion d'vn homme qu'ils ne l'ont conceuë. Le Duc de Milan secourust les Lucquois, Laurens de Medicis ne l'en peut dissuader, on reietta sur luy la cause de ce secours, & fust blasmé d'auoir conseillé ce qu'il ne pouuoit empescher. Cela luy retrancha l'authorité qu'il auoit au gouuernement des affaires, luy excita de grandes enuies, desquelles la mort l'affranchit, & qui en fin deschargerent leur fureur sur Cosme son frere, qui ne s'en esmeut non plus qu'vn rocher des vagues de la mer, & rendit son Ostracisme aussi glorieux à sa fortune, que celuy de Nicias & d'Alcibiades.

Son inscription,

LAVRENTIO MEDICI MAGNI ET MAGNIFICI COSMI GERMANO FRATRI, INTER EXACTAE VIRTVTIS IMPERATORES NVMERANDO.

Iean

II.

JEAN DE MEDICIS.

LE grand Cosme son Oncle l'auoit rendu capable par la communication de ses experiences & sages conseils, de mettre la main au gouuernail de la Republique, quand la mort ialouse de ses esperances l'arrachat des bras de sa patrie, dont Cosme en eust tel regret que se faisant promener sur l'extremité de ses iours en l'vne de ses maisons, & considerant que toute sa famille estoit reduite à vne teste, dit en souspirant, Ceste maison est trop spacieuse pour famille si petite. Il le maria à Catherine Sforze fille de Galeas Duc de Milan, & petite fille du grand François Sforze, laquelle aportat à la maison de Medicis de grandes & riches possessions entre la Romagne & la mer Adriatique. Il ne consideroit en ceste alliance que le bien de sa patrie, ayant eu pour maxime hereditaire, que de la bonne intelligēce des Florentins, auec le Duc de Milan, dependoit le repos de l'Italie, comme de leur diuiſion il n'en falloit attendre que la ruïne & deſolation, remonſtrant ſouuent au Senat qu'on ne deuoit rien eſpargner pour conſeruer l'eſtat de Milã à la maiſon des Sforzes, parce que tombant entre les mains d'vn Prince eſtrãger ou des Venitiens, il dõneroit vn tel accroiſſement de puiſſance qu'elle ſuffiroit pour y adiouſter tous les eſtats de ſes voiſins. De madame Catherine de Milan il eut vn poſthume biſayeul de la Royne.

L'inſcription,

IOANNI MEDICI, STRENVÆ FORTITVDINIS HEROI, OMNIVM CONSENSV IMPERII CAPACI, TOGATIS ET CASTRENSIBVS CONSIL. CELEBERRIMO.

III.

JEAN DE MEDICIS.

IL ne ceda ny en courage ny en valeur aux plus grãds d'Italie: il redreſſa

la

la diſcipline militaire de Florence, meit ſur pied les Cheualiers de la bande noire, qui ont tenu long temps les premiers rangs en la milice Italienne. Il ſe fit iour auec ſon eſpée à trauers les bataillons des Suiſſes & Griſons deuant Bergame. Il repouſſa les Eſpagnols des portes de Milan. On l'appelloit le foudre de la guerre, ſi braue & courageux que la mort ne l'oſat attaquer qu'à coup de bale, car pourſuiuant l'armée de l'Empereur qui alloit aſsieger Rome, il fuſt tué d'vn coup de canon. Iul. Ioue a fait ſes vers de luy.

Principis Etruſci genitor fortiſsimus heros,
Qui noua belligeri gloria Martis eras,
Barbara gens vidit quãtum pollebat in armis
Vis tua, quæ ſemper terror in hoſte fuit.
At te equidem conſtat percuſſum fulmine, fato
Italiæ potius quàm cecidiſſe tuo.
Attamen es fœlix Italûm fortiſſime ductor,
Non quia perpetuos det tibi fama dies.
Sed poſtquã imperiũ tibi quod virtute parabas
Magnanimæ proli fata dedêre tuæ.

Paul

Paul Ioue dit qu'il estoit né pour affranchir l'Italie du ioug des estrangers, s'il eust vescu. Quãd la serenissime Princesse Christine de Lorraine, maintenant grande Duchesse de Toscane, fist son entrée en Florence, on mit ces deux vers soubs la statuë de ce Prince.

MILITIAE DISCIPLINAM QVAE LAPSA IACEBAT
RESTITVI, INQVE ARMIS FVLMINIS INSTAR ERAM.

L'inscription,

IOAN. MEDIC. DVCI FORTISSIMO ITALICAE LIBERTATIS RHAETIS IN BERGOMATE AGRO, HELVETIIS AD CORSVM PAGVM, HISPANIS AD TICINIET MEDIOLANI PORTAS, GERMANIS AD PADI AGGERES CAESIS AVT FVSIS ASSERTORI MAX.

IIII.

COSME DE MEDICIS.

APres la mort d'Alexandre de Medicis premier Duc de Florence, Coſme luy ſucceda, & monſtra vn grand traict de iugement & de Iuſtice en vne ſi ſoudaine occaſion, car ores qu'il ſceut que le coup de Laurens de Medicis auoit ouuert la porte de ſa grandeur & de ſa fortune, il ne s'oppoſa pourtant à la publique vengeãce que la loy demandoit contre ceſte violence. Auſsi doit touſiours vn Prince reuerer la memoire de celuy auquel il ſuccede, & Ceſar s'empeſchaſt bien d'abbattre les ſtatuës de Pompee, que les ſiennes ne fuſſent eſleuées & aſſeurées.

Coſme fut Prince par toutes les voyes qui peuuent conduire au ſouuerain commandement. Il ſucceda par la loy de la ſucceſsion & capitulation de Florence de l'année 1530. Il fut eſleu par le Senat. Il cõquit la ville ayant monſtré en vne prompte & ſoudaine leuée de gens de guerre, ce qu'il pouuoit, quand il en faudroit venir aux armes. Les moyens de paruenir aux regnes ſont diuers, la façon de regner eſt touſiours ſemblable. Les eſleuz, les conquerans & les ſucceſſeurs au commencement, commãdent d'vne égale puiſſance, & penſent auoir droict ſur leurs ſubjects cõme s'ils eſtoient nez pieds & poings liez ſouz leur domination. Coſme n'eſtoit pas comme cela adouciſſant ſa puiſſance de tant de moderation qu'il ne voulut iamais monſtrer tout ce qu'il pouuoit, tenant les volontez de ſes ſubjects comme ſuſpenduës entre la liberté & la ſeruitude. Il s'eſtablit auec tant de prudence que les Florentins font gloire du joug qu'il leur a impoſé, comme les braues courtaux ſe iouënt du mords lequel ils mordoient au commencement. Il accreut ſon eſtat de Piſe & de Sienne. Le Pape Pie V. le declairat grand Duc de Toſcane, & le coronna ſolemnellement à Rome le 28. Feurier, 1570. La coronne eſtoit d'or, embellie de riches pierreries

reries de la valeur de cēt a vingt mil escus, en laquelle estoient entaillées ces paroles. *Pius V. Pont. Max. ob eximiam dilectionem ac Catholicæ religionis zelum, præcipuúmque iustitiæ studium donauit.* Le sceptre d'argent auec vne fleur de lys de Florence sur vne boule, qui tenoit au soubassement vne esmeraude de grande & riche valeur, & à chacune cime & pointe de la fleur vn rubis. Il institua l'ordre des cheualiers de sainct Estienne pour brider les courses des Pirates, s'en declaira le grand Maistre & en prit l'habit. Il obtint en faueur de c'est ordre de grands priuileges du Pape, & entre autres, que les Cheualliers pourroient tenir iusques à deux cens escus de pension sur les biens de l'Eglise, la liberté de se marier, n'estans obligez à autre chose pour auoir les Commanderies qu'à trois ans de seruice sur les galeres du Duc. Cosme mourut le 21. Auril 1574. Il eust de madame Heleonor de Tolede fille du Vis-Roy de Naples François, Ferdinand, Pierre, Garsias, Isabelle, Leonor.

L'inſcription de Coſme,

COSMO MED. FLOR. PRINCIPI II. TOTIVS ETRVRIÆ PIS. ET SENARVM ARCHIDVCI.

V.

FRANCOIS DE MEDICIS grand Duc de Florence.

IL entra en ſes eſtats paiſibles, & les conſerua en la meſme trãquillité que ſon pere les luy auoit laiſſé. Le Pape Gregoire XIII. luy confirma le tiltre de grand Duc de Toſcane, l'Empereur Maximilian luy en donna le conſentement. Il eſpouſa madame Ieane d'Auſtriche fille de l'Empereur Ferdinand, mere de Marie Royne de France & de Nauarre, & de Leonor Ducheſſe de Mantouë.

L'inſcription,

FRANCISCO MED. FLORENT. ET SENARVM MAGNO DVCI.

FER

VI.

FERDINAND DE Medicis grand Duc de Toscane.

SA prudence maintient ſes Eſtats en paix, & la paix luy dõne des moyens de les accroiſtre: il ſe contente toutesfois de les conſeruer, encores qu'il ait des voyſins qu'il peut dompter ſans coup frapper. Il eſt loüé par tout pour Prince de parole & d'vne Iuſtice inuincible. Il a eſpouzé madame Chriſtine, fille de Charles Duc de Lorraine, & de madame Claude de France, fille du Roy Henry ſecond.

L'inſcription,

OPTIMO PRINCIPI FERDINANDO MAGNO ETRVRIÆ DVCI, PIO FEL.

LES DOVZE DEVISES sur les douze Niches du Berceau.

I.

VIRGINEI LAVS PRIMA PVDORIS.

VNe fleur de lys enuironnée d'Abeilles. Il ny a rien qui represente plus purement la Chasteté que les Abeilles.

Quòd nec concubitu indulgẽt, nec corpora segnes
In Venerem soluunt, aut fœtus nixibus edunt,
Verùm ipsæ foliis natos & suauibus herbis
Ore legunt. Elles haïssent les puanteurs & infections & les fuyent, ne molestent point ceux qui sont parfumez de bonnes odeurs. Faut veoir Plut. au 29. Precepte de Mariage.

II.

PAR CVRA SALVTIS VTRIQVE.

VNE fleur de France my-partie auec celle de Florence, deux Pyramides, & vn vn œil à la pointe, à la façon du ſceptre des Egyptiens, pour mõſtrer l'egale & parfaite harmonie d'vn vray amour. Comme les yeux n'ont qu'vne meſme viſion, & l'vn ne void que ce que l'autre void, la meſme concorde doit eſtre au mariage. La Pyramide n'eſt pas icy inutile pour repreſenter la veuë. Chaſque œil à ſa Pyramide viſible, & les deux Pyramides n'ont qu'vn obiect, car les nerfs qui ſont ordonnez à la veuë s'vniſſent, autrement on verroit deux Soleils comme Penthée. La diſpute eſt grande, ſi la veuë ſe faict par le dardement des rayons de l'œil, ou par la reception des images qui ſe preſentẽt & ſe rendent à l'œil. Platon & Alkindus n'en ſont pas d'accord. Il eſt vray que l'œil ſelon les humeurs & les tuniques dont il eſt cõpoſé, regarde par vne Pyramide de rayons, laquelle ayant pour baze la choſe veuë, darde ſa pointe en l'œil du voyant Pyramidalement: car tant plus la baſe s'eſloigne de l'œil, plus ſa pointe s'aguiſe & s'eſtrecit.

III.

ΒΑΣΙΛΕΥΕΤΩ ΑἸΕΙ.

Vne fleur de Lys my-partie, coronnée d'vne double coronne auec deux Sceptres. Ce mot Grec eſt vn vœu pour l'immortelle durée du regne des deux royales fleurs, & eſt prins du 24. de l'Odiſſée.

IIII.

HIS SECVRA QVIES.

Vne fleur de Lys my-partie auec deux ancres. Pour monſtrer que de ceſte alliance, la France doit eſperer vn repos auſsi ferme & aſſeuré qu'eſt celuy d'vn vaiſſeau à double ancre. Ces ancres peuuent encor faire ſouuenir de celles que Coſme de Medicis portoit en ſa deuiſe auec ce mot DVABVS.

V.

ΠΙΣΤΩ͂ ἘΝΕΔΗ'ΣΑΤΟ ΔΕΣΜΩ͂.

Vne fleur de Lys my-partie & enlaſſée d'vn Lierre à lacs d'amour, tenu d'vne main

main de fidelité. Par tout le Lierre eſt pris pour vne liaiſon ferme, eſtroite, & inſeparable. Cela ſe rencontre en tous les Poëtes.

VI.

FRVCTVS SPES CERTA FVTVRI.

VNE fleur de Lys my-partie auec deux bouquets d'eſpics. Il eſt raiſonnable d'attendre le fruict quand on void la fleur.

VII.

ΛΕΥΚῊ ἈΜΦῚ ΓΑΛΉΝΗ.

VNE fleur de Lys my-partie ſouz l'Iris. On ne doit eſperer de ceſte alliance qu'vne grande & generale tranquillité & ſerenité. La Royne merè Catherine de Medicis eſtant encores fille portoit l'Iris pour deuiſe, Φῶς φέρει ἠδὲ γαλήνην, *Apporte lumiere & trãquillité.* Eſtant Royne elle ne la chargea point, on en veid les admirables effects quand apres des longues tenebres de regrets & de faſcheries pour ſa ſterilité,

Dieu luy monſtra là lumiere & la ſerenité de ſes deſirs par la naiſſance de Madame Elizabeth, ſa premiere fille.

VIII.

SVBLIMIOR AETHERE VERTEX.

VNE fleur de Lys my-partie auec deux rameaux de Cedre, qui ont leur pointe cachée aux nuées, car les Cedres de Syrie & principalemẽt au mont de Libã ſont treshauts. Marque de la grandeur de l'eternité & exaltation de ceſte maiſon.

IX.

ΠΥΡΣῸΣ ἜΡΩΤΟΣ ἌΓΑΛΜΑ.

VNE fleur de Lys my-partie auec deux Flambeaux cõjoints par les meſches. Ainſi Muſée appelle Λύχνον ἔρωτος ἄγαλμα. Il eſt vray que le Flãbeau eſt vne vraye image de l'amour, & n'y a rien qui monſtre plus l'egalité des affectiõs que deux Flambeaux bruſlans d'egale flãme. Voyez Philoſtrate & Plutarque des Flambeaux allumez aux nopces des anciens.

X.

MISCENTVR IN VNVM.

VNe fleur de Lys my-partie, deux branches de Laurier & de Myrthe iointes & vnies enſemble. Parfaite alliance d'amour & de vertu, ou de valeur & de beauté. Ainſi Virgile,

Fors & virtus miſcentur in vnum.

XI.

NEC IMBRE NEC AESTV.

VNe fleur de Lys my-partie, vn Soleil luiſant à plomb ſur elle, & vne bourraſque de pluye. Ceſte fleur demeurera touſiours viue.

XII.

AMAT HOS VICTORIA FLORES.

VNe fleur de Lys my-partie, deux Palmes. Les fleurs du Lys n'ont iamais eſté ſans Palmes. La victoire a poſé ſes aiſles pour demeurer en France.

A l'autre face du fond de ce berceau en

vne pierre d'attente ſur le rond de l'arcade eſtoit eſcrit,

IL CIEL TI RENDE ALMA BEATRICE,
DI VINCITORI ALMA VINCITRICE.

ALLIANCES DE LA maiſon de Medicis.

SIC FORTIS ETRVRIA CREVIT.

Les Princes.

Ierre de Medicis.
Lucretia Tornabuoui.

Laurens de Medicis.
Alphonſine des Vrſins.

Iulien de Medicis.
Phileberte de Sauoye.

Iean Franciſque de Medicis.
Catherine Sforze.

Iean de Medicis.
Marie Saluiati.

Pierre de Medicis.
Clarice des Vrſins.

Laurens de Medicis.
Magdelaine de Bologne.

Alexandre de Medicis.
Marguerite d'Auſtriche.

Coſme de Medicis.
Leonor de Tolede.

François de Medicis.
Ieanne d'Auſtriche.

Ferdinand de Medicis.
Chriſtine de Lorraine.

Les Princeſſes.

Guill. de Pazzi.
Blanche de Medicis.

François de Cibo.
Magdelaine de Medicis.

Pierre Rodulphe.
Lucreſſe de Medicis.

Paul Iordan Duc de Branciano.
Iſabelle de Medicis.

Alphonce II. Duc de Ferrare.
Leonor de Medicis.

Guillaume de Gonzague Duc de Mãtouë.
Leonor de Medicis.

Henry II. Roy de France.
Catherine de Medicis.

Henry IIII. Roy de France & de Nauarre.
Marie de Medicis.

LE SECOND PORTAL du Pont.

LA ſtatuë d'Hymenée eſtoit eſleuée ſur le frontiſpice, au deſſous vn tableau des Amours occupez à diuers exercices, à l'imitation de celuy de Philoſtrate où les Amours cueilloient les pommes, ou de celuy qu'Ætion fit pour les nopces de Roxane, auquel les Amours ſe ioüoient des armes d'Alexandre pour denoter l'affection & le ſoing aſsidu de ce Prince au

fait

fait de la guerre & des armes:puis que tout par mesme moyẽ il fust si espris de l'amour de Roxane, & ne laissa pour cela l'exercice des armes, ny l'ordre necessaire en la conduite de son armée.

De ceste troupe d'Amours representez en nostre tableau, il y en a deux qui bruslent l'essieu d'vn carrosse. C'est vne ceremonie des espousailles des Beotiens, comme dit Plutarque pour monstrer que le mariage est vn voyage sans retour.

D'autres qui amassent des tizons, les mettent ensemble pour en rendre vn feu plus violent, par la raison que Theophraste raporte au liure du feu, & apres luy Iul. Cesar Scaliger. Le parfait amour rassemble en vn toutes ses flammes pour en rendre vne affection plus ardente au sujet par merite & par obligation aymable.

D'autres amours qui versent de l'huile en vne lampe. Vn eternel amour ne se peut mieux representer. La lampe est dediée à l'Amour. Il y a deuant l'Eglise Cathedrale de Preneste en Italie vn marbre qui raporte en lettres antiques que M. Popilius donna *Fortunæ Primigeniæ ſignum Liberi Patris Panthei, cum ſuis Paregeis Cupidines II. cum ſuis Lychnuchis.*

Au Pritanée des Atheniens il y auoit vne lampe inextinguible, & le prouerbe τὸ λύχνιον ἐν πρυτανείῳ, ſe dit d'vne choſe ſans fin. Il doit eſtre du mariage comme de la lampe qui eſtoit au Temple de Iuppiter Ammon, elle ne s'eſteignoit iamais, ſe conſumoit moins d'année en année, & la ſuyuante eſtoit touſiours de plus courte durée que la precedente. *Plut. des Oracles qui, &c.*

D'autres qui battent des branches de Lauriers & de Lierre pour en faire jaillir du feu. Le vray amour ne s'allume pas d'vn feu commun, & les plus pures flãmes ſont celles qui viennent de la vertu & de la cõſtãce, repreſentées par le Laurier & le Lierre. Il eſt certain qu'en froyant ces deux branches l'vne cõtre l'autre, le feu en ſort. Plin. liur. 16. chap. 41.

Deux autres Amours peſchãs des Canthares & des Mulges. Ce ſont poiſſons qui

ſont

font leçon de temperãce & de fidelité aux hommes, ſelon ce qu'en dit Elian, Ariſtote, Oppian, & apres eux Rondelet. Du Bartas oppoſe le Canthare au Sargon, & compare la fidelité des Muges aux femmes de Thrace.

L'adultere Sargon ne change ſeulement
De femme chaſque iour ſous l'ondeux Element:
Ains, comme ſi le miel des voluptez des ondes
Ne pouuoient aſſouuir ſes amours vagabondes,
Les cheures il courtiſe, & ſur les bords herbus
Veut gouſter les plaiſirs qu'ont leurs maris barbus.
Contraire au naturel de l'enfumé Canthare,
Qui du deuoir Nocier tant ſoit peu ne s'eſgare,
Ainçois, fidelle eſpoux, paſſe ſes chaſtes iours
Sans faire banqueroute aux premieres amours.
Mais la Muge n'a point en amitié d'eſgale:
Car voyant que, captif, on traine au bord ſon maſle,
Forcenée de dueil, le ſuit iuſques au bord,
Preſte d'accompagner ſon mary, vif, & mort.
Tout ainſi que iadis les Thraciennes dames,
Viues, s'alloient ietter ſous les funeſtes lames
De leurs bleſmes eſpoux, loyalles, ne pouuans,
Leurs maris eſtant morts, humer plus l'air viuans.

Tout cela eſt exactement & ſubtilement taillé, comme pluſieurs autres belles & rares hiſtoires des eaux au baſsin que monſieur de Vic fit voir au Roy quelques iours auant que ſa Majeſté luy euſt commandé de partir pour aller remplir l'Ambaſſade de Suiſſe.

D'autres qui amaſſent des roſes rouges, & du coral rouge. Ce ſont les premiers ingrediẽs du parfum de Venus. On y adjouſtoit du muſc, de l'ambre gris, & d'aloes, le tout confit auec des ceruelles de paſſereaux, & du ſang de pigeons. Hermes vouloit qu'on y meit encore du ſaffran, car c'eſt l'aromate dedié à Venus chaſque Planete ayant le ſien. Saturne, la coſte: Iupiter, la noix muſcade: Mars le bois d'aloés: le Soleil, le maſtic: Mercure, la cynamome: la Lune, la myrrhe.

Souz ce tableau eſtoit eſcrit,

ÆTERNOS HABEAT PRIMVS QVI IVNXIT AMORES.

Au milieu de la frize en vne pierre d'attente on liſoit ces quatre vers,

Touſiours

Tousiours le ciel recompense
Ceux qui de ses dons sont vestus,
Pource il vous faict Royne de France:
Comme la Royne des vertus.

Aux deux extremitez de la frize deux deuises. La premiere d'vne estoille flamboyante, pour monstrer que la Royne ayant tousiours porté ses pensées & ses intentions à la vertu, en a receu ceste royale coronne. La vertu ne trompe iamais qui la suit & se fie en elle, & quoy qu'en die Brutus,

NVNQVAM SPECTATA FEFELLIT.

La seconde du Phenix ouurant ses aisles & leuant ses yeux au Soleil par la lumiere duquel il vit & void.

ΜΟΙ ΖΩ΄ΕΙ ΚΑῚ ΟΡΑ͂ ΦΑ΄ΟΣ.

Il n'y a qu'vn Soleil, il n'y a qu'vn Dieu. Il n'y a qu'vn Phenix, il n'y a qu'vne Royne de France. Comme le Phenix ores qu'il soit vnique, ne void & n'est veu que par le Soleil. Vne Princesse pour grande & vnique qu'elle ſoit, n'a lumiere que celle qu'elle reçoit de ceſte premiere lumiere que les Egyptiẽs ont repreſenté, & les Peres adoré ſouz le Soleil, qui eſt comme dit Trimegiſte, Περὶ πάντων καὶ διὰ πάντων. Et à vray dire, s'il y a quelque choſe de viſible au monde qui puiſſe repreſenter quoy que de loing l'inuincible eſſence de Dieu c'eſt le Soleil, Phanal du Ciel, lumiere de toutes choſes, cauſe & autheur de tout ce qui ſe produit quelque part que ce ſoit, qui d'vne courſe infatigable voit tous les iours tout le monde. Les Sages Brachmanes des Indes luy faiſoient tous les iours oraiſon, laquelle ils finiſſoient en ceſte ſorte. Regarde nous en ceſte iournée d'vn œil benin & gracieux, & par l'excellente beauté qui ſe monſtre en toy, eſleue nous le cœur & l'entendement à la contemplation de ceſte autre plus grande qui ne ſe peut comprendre que par la ſeule plus profonde & deuote penſée.

Au reuers du Portal en lettre d'or & fond d'azur.

HENRICVS BORBONIVS, MARIA MEDICAEA,

HINC BENE EDVCIS AMOR IVBAR AMORIS.

Anagramme des noms du Roy & de la Royne. Ceſte Fleur eſt d'vn autre fond. Le Sieur de S. Iouaire l'ayant trouué, la donna à l'autheur, auec pouuoir de s'en attribuer le triomphe & le εὕρηκα. Il ne l'a pas faict. Il eſt permis cacher la foibleſſe de ſes inuentions ſouz le credit d'autruy, mais c'eſt mauuaiſe conſcience d'en diſſimuler l'obligation & deſrober la gloire. Ceux qui s'emplument des labeurs d'autruy, courent la honte & la riſée d'eſtre deſplumez. En voicy encores vn autre de la meſme main.

IADIS NOMBRE' NOMBRE CHERY DE DIEV.

LES NOPCES DE HERCVLES ET DE HEBE.

L'Vne des plus belles pieces de c'eſt appareil demeurat en ſon crayon, &

ne passa le dessein de l'autheur à faute de temps. Ce deuoit estre vn grand spectacle d'vne platte peinture pour couurir toute l'estenduë des maisons deuers le corps de garde du change. On y eust representé les champs Elisées, & au milieu vn grand pauillon, & souz iceluy la feste & le festin des nopces de Hercules & de Hebe, en la presence des Dieux honnorans le mariage, & seruans les mariez.

Le Soleil eust fait l'estat de grand maistre, on eust choisi Diane auec les Nymphes pour porter la viãde, on eust mis Bacchus & Ceres au buffet, Minerue à la credance, les Graces à la seruiette & au basin, Apollon eust chanté l'Epithalame auec les Muses, Venus eust conduit les espousez au lict, les amours eussent porté les torches, les flambeaux & les aubespins, Mars eust dancé la dance Pyrrichienne, Mercure eust fait l'Arlequin, les Lares, les Pans & les Faunes les autres parties de la Comedie. On y eust adjousté toute la fable d'Epicharmus.

La veuë eust treuué en ce tableau du plaisir, &

ſir,& l'entendement de la curioſité. Et bien qu'en ces fables poëtiques il y ait comme aux eſcreuiſſes plus à eſplucher qu'à manger, ſi eſt-ce que la piece euſt eſté iugée auſsi grãde en inuention qu'en ſujet, quand meſme les beaux eſprits euſſent raporté au Roy ce que Homere, Heſiode & Pindare ont dit de Hercules, lequel apres auoir paracheué ſes laborieuſes entrepriſes fuſt marié à Hebe Deeſſe de ieuneſſe, & qui garde les Dieux immortels de vieillir. Cela ſe fuſt rendu plus intelligible par l'Epithalame eſcrit au deſſouz & par ces vers.

Alcides Gallus cuius ceruice manúque
Firmior orbis erit moles, Diis proximus heros
Illatas poſtquam reparauit ab hoſte ruinas
Imperij, quatiens iras ſeptemplicis hydræ
Excipitur Diuæ charis amplexibus Hebes,
Connubiíque fides imis manet ima medullis.

On peut appeller le Roy Hercul, ſes victoires, ſes labeurs, ſon courage monſtrent qu'il ny à rien de diſſemblable, ſinon que ce qui ſe dit d'Hercules eſt fabuleux, & la

repu

reputation de ſa Majeſté n'eſt pas ſi grande que la verité des effects. Souz ſon portraict l'autheur à faict imprimer ce quatrain.

Apres que ce grand Roy s'eſt fait voir tant de fois,
Aux yeux de l'vniuers vn Hercul inuincible,
On le peut appeller le miracle des Rois,
Car ſeul il a rendu poßible l'impoßible.

L'ARC EN LA PLACE du Change.

QVoy que ceſt Arc paruſt beau, l'ordre riche & l'architecture bien elabourée, ſi eſtoit-il beaucoup moindre qu'õ ne l'auoit deſſeigné. Il deuoit auoir quatre faces enrichies des armes & trophées des quatre races de l'extraction paternelle & maternelle de la Royne. Medicis & Tolede pour l'vne, Auſtriche & Hongrie pour l'autre.

François de Medicis ſon pere fut fils de Coſme grand Duc de Florence & de madame

dame Leonor de Tolede, issuë d'vne des premieres maisons d'Espagne qui a prins son nom de Tolede, ville du temps du regne des Gots, capitale de tout ce qui est enclos entre les deux mers & les Pyrenées, le siege des Roys qui surpassoient tous les autres Potentats Maures d'Espagne. Elle fut fille de Pierre de Tolede, Vice-Roy de Naple, fils de Frederic, Duc d'Albe, qui chassa les Maures de Grenade, fils de Garsias, Duc d'Albe, Pere de Garsias qui fut tué aux Gerbes.

Ieanne d'Austriche sa mere fut fille de Ferdinand l'Empereur, & de Madame Anne d'Hongrie. La grandeur de la maison d'Austriche a commencé par Rodolphe Comte de Habspourg, chasteau en Suisse au canton de Zurich. Il fut esleu Empereur & preferé à plusieurs autres au milieu des confusions & des seditions dont l'Allemagne & l'Italie estoit embrasée. Il fut coronné le premier d'Octobre, 1273, chassa Ottocarus Roy de Boeme des prouinces d'Austriche, de Sirie, & de Morauie qu'il auoit vſurpées durant l'interregne des Empereurs, & l'anarchie de l'Empire.

Apres la mort de Raoul quelques Eſlecteurs deſiroient continuer la dignité Imperiale en la perſonne d'Albert Duc d'Auſtriche ſon fils, mais Adolphe de Naſſau fut preferé. Cela ſuſcita vne grande guerre en laquelle l'Empereur Adolphe fut tué en bataille rangée de la main d'Albert, qui vſant du bon-heur de ſa victoire & de la reputation de ſon pere, ſe fit coronner Empereur. Son regne ne dura que dix ans. Iean de Suaube le tua, & pour peine de ce meurtre fut enfermé en priſon perpetuelle au conuent des Cordeliers de Piſe. Henry VII. Comte de Luxembourg y ſucceda, & la maiſon d'Auſtriche plus eſloignée de l'Empire & eſparſe en pluſieurs branches iuſques à l'eſlection de Frideric III. qui r'allia tous les rameaux de l'arbre, aſſocia à l'Empire Maximilian ſon fils & ſucceſſeur, lequel eſpouſa Marie fille de Charles Duc de Bourgõgne, & d'elle euſt Philippe

Arche

Archeduc d'Austriche, mary de Ieanne fille & heritiere de Ferdinand Roy d'Arragon, & d'Isabelle Royne de Castille. De leur mariage nasquit Charles V. & Ferdinand. Cestui-cy espousa Anne fille du Roy Ladislas, sœur de Louys dernier Roy de Hongrie & de Boheme. D'elle il eut quinze enfans qui ont porté le sang d'Austriche par toute l'Europe, quatre fils Maximilian II. Empereur, Ferdinand, Iean, Charles: onze filles, Elizabeth mariée à Sigismond Roy de Pologne, Anne, Marie, Magdelaine, Catherine, Eleonor, Marguerite, Barbe, Vrsule, Helene, & Ieanne mariée à François de Medicis, le 18. Decemb. 1565.

Pour ces quatre faces, l'arc n'en eut que deux. Sur la premiere furent esleuées les armes de Florence auec les trois fleurs de Lys que ceste maison a eu cy deuant en don de la coronne de France.

Sur le milieu de l'arc estoit vn grand tableau d'vne grande fleur de France & de Florence my-partie & liée ensemble par vn lien de Laurier & de Myrthe, noüé dans le Ciel auec deux victoires, roulant deux globes ſouz l'ombrage & l'eſtenduë de ces fleurs. Et pour rendre la ſignification plus intelligible eſtoit eſcrit en la frize de l'arc.

QVOS DEVS ÆTERNO CONIVNXIT
FOEDERE FLORES,
FRVCTIBVS IMPLEBVNT GEMINVM
VICTORIBVS ORBEM.

A la droite de ce tableau paroiſſoit vne fleur de lys de Florence à trauers des nuages, pour monſtrer que le temps ny la fortune n'ont peu faire fleſtrir ſa gloire.

ἘΜΟ͂Ν ΚΛΕ͂ΟΣ ΟΥ̓ΠΟΤ' ὈΛΕΙ͂ΤΑΙ.

A la gauche vn laurier eſtendu & compoſé en fleur de Florence, auec le foudre eſcarté tout autour. Le laurier n'eſt ſubiect au foudre.

IN ME NON FVLMINAT AETHER.

Au deux coſtez de l'arcade entre deux termes feints de bronze, deux ſtatuës, l'vne de la gloire, l'autre de la vertu.

Au deſſus de la niche de ces deux figures en deux pierres d'attentes deux deuiſes.

La premiere vn autel & deux cœurs enflammez deſſus, auec ces deux mots qui ſe rencontrent ſouuent à la fin des vers d'Homere,

ἈΚΆΜΑΤΟΝ ΠΥ͂Ρ.

Cela monſtroit qu'vn amour royalement parfaict veut auoir des flammes eſgales, & qui ſoient touſiours durables. Il peut eſtre pris pour le feu de la pieté qui ne ſe doit iamais eſteindre en vne belle ame. C'eſt le feu qui deuoit ardre inceſſamment ſur l'autel en la vieille Loy.

La ſeconde, deux colombes auec vn rameau d'oliue ſur vn autel. Pour vne conſtance & immuable concorde.

CONCORD. PERPES.

L'autre face de l'arc eſtoit embellie d'vn grand tableau auquel Minerue, Iuno, & Venus ſaluoient la Royne, & luy offroient la premiere ſon laurier, la ſeconde ſes roſes, la troiſieſme ſa pomme, & au deſſus ces vers,

MENTE MINERVA, THORO IVNO, VENVS ORE, MARIA
PRINCEPS VNA TRIBVS QVAE TRIA DANTVR HABET.

La voute qui estoit dediée pour vn enrichissement des alliances de la maison de Medecis, fut semée selon le temps de grosses rosaces, & de deux grands tableaux remplis de deux agreables histoires.

Le premier representoit le Palais de Mugello, & tout autour vn hyuer, les arbres & les parterres couuerts de neige, sur laquelle neantmoins paroissoient des fleurs, comme fraischement escloses & espannies auec ces vers,

FLORIBVS ACRIS HYEMS FLOREM
MIHI SPONDET ETRVSCVM.

Il est vray que le Duc Alexandre de Medicis fut tué par Laurens de Medicis son cousin, la veille des Roys, de l'année 1537. Cosme de Medicis retiré en son Palais de Mugello, estant lors de cest accident en son jardin, veid vne grande monstre de

fleurs

fleurs contre l'ordre du temps & de la saison. Cela luy fut vn augure asseuré de sa nouuelle Principauté sur la fleur des villes d'Italie. Trois iours apres & le neufiesme Ianuier, du commun consentement du Senat il eut le commandement absolu, fut recognu pour Prince, & Duc de Toscane.

Le second, du mesme Cosme, sur vn chariot triomphant, tiré par des Lyons en la sorte que Marc-Antoine entrat à Rome apres la bataille de Pharsale. Il vouloit mõtrer par là, comme dit Pline liu. 8. chap. 16. que les plus grands courages s'assujectiroient à ses volontez. Ce grand dessein demeura en la pensée de M. Antoine, mais Cosme l'executa, & donna le joug aux Lyons de Florence.

Ses autres Lyons qui s'entre-tuent, se peuuent prendre pour les sanglantes diuisions de Florence, ou pour le prodige qui aduint peu de iours auant la mort de Laurent de Medicis, lors que les petits Lyons tuerent le plus grãd des Lyons nourris à Florence. Au bout du tableau est la Tortuë portant le le voile. Deuiſe de Coſme.

LA MVSIQVE.

On auoit dreſſé au paſſage de la Royne deux chœurs de voix & d'inſtruments. Elle ſe plait à la muſique, auſsi l'harmonie comme dit Pindare trouue touſiours lieu aux ames belles & bien nées, rendant les cœurs magnanimes, & les rempliſſant d'vn rauiſſemẽt d'eſprit & d'vne ardeur de bien faire. Elle s'arreſta pour ouïr vne belle & douce voix qui chanta ces vers:

Clair Soleil, le Ciel vous enuoye
Pour rendre à la France le iour,
Et combler d'heur, de paix, de ioye
Le Roy, le Royaume & la Cour.
Royne des Roynes la merueille,
Royne d'Amour, amour du Roy,
Viuez d'vne vie pareille
A voſtre amour & voſtre Foy.
Faites par tout le Lys eſpandre,
Donnez au deſtin ceſte Loy:
Qu'il ne pourra au Ciel vous rendre
Que ne ſoyez mere de Roy.

LA STATVE DE *la Felicité.*

AV deuant du logis de Monſieur le Gouuerneur on auoit eſleué ſur vn Stilobate de la hauteur de dix pieds vne ſtatuë d'eſtuc, ſa robe toute ſemée de corõnes, & la main eſleuée au ciel, promettant toutes ſortes de benedictions ſur ce Mariage. Pource eſtoit eſcrit en l'vne des faces,

EN TIBI PROMITTIT DEA NVMI-
NE PVLCHRIOR OMNI,
NON MORITVRA TVI GENIALIS
GAVDIA LECTI.

En l'autre face vne deuiſe d'vn Aigle, chargé de Fleurs de Lys qui trauerſoit le Zodiaque.

OMNIS MIHI PERVIVS AER.

Euripide dict, que tout eſt penetrable à l'Aigle.

Ἅπας ἀὴρ ἀετῷ περάσιμος.

Ainſi la fortune & la deſtinée de France paſſe par tout.

LA STATVE DE la Constance.

A La place du grand Palais estoit esleuée vne autre statuë d'estuc blanc, reuestuë d'vne peau de Lyon, qui est la propre parure de la vertu, vn cœur flambãt en la main. Elle representoit l'eternelle & immuable constance de l'amour en ceste alliance. En l'vne des faces on lisoit,

Ceste fleur de beauté n'a que le Lys en l'ame
Iamais d'autre desir son cœur n'est animé,
Elle ne peut brusler d'vne plus belle flame
Le Roy d'vn plus beau feu ne peut estre allumé.

En l'autre face vn amant tenant les Planettes enchainées pour assubjectir leurs influences aux prosperitez qu'il a ordonnées pour ce Mariage.

Cela est à l'imitation de la chaine d'or de Iupiter chez Homere, comme l'inuention est tirée de luy, aussi ceste inscription luy est deuë.

ΤΟΙ ΣΘΈΝΟΣ ΟΥΚ' ἘΠΙΕΙΚΤΌΝ.

L'ARC DE PORTE-FROC.

AV frontiſpice qui ſe terminoit par vne haute Pyramide eſtoient les armes du Roy & de la Royne, & au deſſouz ceſte inſcription.

INCLITAE VIRGINI E' MAGNIS ETRVRIAE DVCIB. ET ROMANI IMP. PRINCIP. GENITÆ REGES ET CAESARES GENITVRAE, P. L. E. P.

Es deux extremitez de la corniche deux deuiſes, la premiere d'vne Aigle regardant fixement le Soleil. La Royne eſtant ſortie de l'Aigle de l'Empire comme petite fille de l'Empereur Ferdinand, a eſté ſeule digne de ce Soleil Royal.

SOLA SVI FERT LVMINA SOLIS.

La ſeconde d'vn feu allumé par les rayons du Soleil à trauers vn criſtal, auec ce mot.

PVRO MEVS IGNIS AB IGNE.

Il y a trois ſortes de feu, celuy dont nous

vſons, celuy qui eſt aux entrailles de la terre, celuy qui viẽt du ciel ſans embraſemẽt. Le premier appartient à Veſta, le ſecond à Vulcan, le troiſieſme à Pallas. Les ames vrayement royales ne s'eſchauffent que de ce troiſieſme qui eſt vne lumiere toute claire & pure, telle que celle qui vient des rayons du Soleil par le moyen d'vn miroir concaue, ou d'vne fiole remplie d'eau.

Sous la corniche deux ſtatuës feintes de bronze, l'vne la Fecondité auec trois enfans autour d'elle, comme elle ſe void en quelques medailles, & vn Lieure qui a touſiours eſté Hieroglyfique de cela. Pource Herodote au troiſieſme liure de ſa Thalie dit qu'il eſt ſeul entre tous les animaux lequel eſtant plein ſe ſur-empliſt encores. Ariſtote au ſixieſme de l'hiſtoire des animaux chap. 33. croit contre la commune experience, qu'il a nouueaux petits tous les mois.

L'autre la Felicité portant vne eſtoille au front, tenant d'vne main des coronnes & vne toiſon qui a touſiours eſté priſe

pour

pour vne grande & heureuſe fortune. Ciceron au 4. de la nature des Dieux rapporte ces vers de la tragedie d'Atrée.

Addo huc quod mihi portento cœleſtûm pater,
Prodigium miſit regni ſtabilimentum mei:
Agnum inter pecudes aurea clarum coma.

Platon en ſon Politique parle du prodige de l'agneau d'or, περὶ τῆς χρυσῆς ἀρνὸς σημεῖον, qui fit naiſtre ceſte fameuſe diſpute entre Atree & Theyſte : & Pauſanias en ſes Corinthiaques du tombeau de Thyeſte, ſur lequel eſtoit graué vn mouton d'or.

Entre les deux colonnes de l'arcade deux ſtatuës d'eſtuc ſi blanc & ſi bien taillées, qu'on les eut pris pour marbre. L'vne portoit le nom de la Pieté ayant les yeux eſleuez au Ciel, l'hydre des vices eſtouffé ſouz ces pieds, ſa robe ſemée de flãmes à la façon que les anciens ont peint leur Veſta, & la teſte coronnée d'eſtoilles.

L'autre repreſentoit la Concorde, ſouſtenuë d'vne anchre, marque de fermeté, tenant en ſa main vne branche de grenade, qui ſe peut prendre ou pour la concorde, à cauſe de ſes grains ſi bien vnis & arrengez, ou pour la fecondité à raiſon dequoy le Grenadier eſtoit planté à l'hõneur de Iuno. Les rameaux de c'eſt arbre chaſſent les beſtes venimeuſes, & pour ceſte cauſe les anciens en mettoient deſſus & deſſous leurs licts.

Elle auoit ſouz les pieds vne Corneille, qui denote la concorde & la fidelité du mariage, pource que c'eſt oyſeau comme la tourterelle ne ſe r'accouple iamais apres la mort de ſon maſle.

En la voute deux palmes dont le pied rempliſſoit le bas de l'arcade & les branches la voute auec ce mot.

NATIVO IVNGVNTVR AMORE.

Entre les choſes vegetales, il ny en a point qui ait plus de conuenance auec la nature humaine que les Palmiers, (i'en excepte les Zoophites.) La femelle ne porte point de fruict eſloignée du maſle. Elle baiſſe

baiſſe ſes branches & ſe fleſtrit, en ſe tournant la part où aura porté ſon maſle. Les habitans du païs craignans cela, prennent de la terre & de la racine du maſle qu'ils mettent au pied de la femelle, laquelle par ce moyen ſe redreſſe & prend vigueur. Iouian Pontan parle de deux Palmiers leſquels demeurerent long temps ſteriles, iuſques à ce que celuy qui eſtoit en vn lieu fuſt tranſplanté à la veuë de l'autre, & bien qu'il y euſt entre deux vn grand eſpace, ſi eſt ce que des lors qu'ils ſe furent veuz ils commencerent à fructifier. Voicy les vers.

Brunduſii latis longè viret ardua terris
Arbor Idumæis vſque petita locis.
Altera Hidruntinis in ſaltibus æmula palma,
Illa virum referens, hæc muliebre decus.
Non vno creuere ſolo, diſtantibus agris,
Nulla loci facies nec ſocialis amor.
Permanſit ſine prole diu, ſine fructibus arbor
Vtráque frondoſis & ſine fruge comis.
At poſtquam patulos fuderunt brachia ramos
Cepere, & ſolo liberiore frui,

Fron

Frondoſique apices ſe conſpexere, virique
Illa ſui vultus, coniugis ille ſuæ.
Hauſere & blandum venis ſitientibus ignem,
Optatos fætus ſponte tulere ſua.
Ornarunt ramos gemmis, mirabile dictu,
Impleuere ſuos melle liquente fauos.

Quand le docte du Bartas en ſa deſcription du Paradis terreſtre, repreſente les ponts des ruiſſeaux, l'arene deſquels eſtoit d'or, l'onde de pur argent, les cailloux des rubis, il en parle en ceſte ſorte:

Ses ponts baſtis ſans art, ſont des rocs mouchetez
Que le flot mine-riue à de ſon choc voutez,
Ou des Palmes encor: car les chaudes femelles
Pour aſſouuir l'amour qui boult dans leurs mouelles,
Et joindre leurs maris ſur l'autre bord croiſſans
Courbent leur tige eſpais, & font planche aux paſſans.

Au reuers de l'arc en vn grand ouale on liſoit ce vers:

VIVE DIV PRINCEPS TE SOSPITE GALLIA SOSPES.

Aux deux coſtez deux figures en bronze, repreſentant la Prudence auec ſon caducée, tenant des mitres, des tiares, des chappeaux,

peaux,

peaux, & l'autre la Vaillance auec des trophées d'armes, des coronnes & des Sceptres, & le tout se rapportoit à vne deuise plus bas, d'vne coronne entre les estoiles auec ces paroles chrestiennes, quoy qu'elles soient tirées d'vn Payen.

Ε'Κ ΔΕ' ΔΙΟ'Σ ΤΙΜΗ' ΚΑΙ' ΚΥ͂ΔΟΣ Ο῾ΠΗΔΕΙ͂.

Pour monstrer que ceste grande & puissante maison de Medicis ne doit pas sa grandeur à la Fortune, mais à l'eternelle prouidence de Dieu, qui a voulu recompenser la pieté, la constance, la religion, la prudence, & la iustice de ses enfans d'vne si belle coronne. Les grandeurs, les honneurs, les sceptres, & dignitez ne viennent que de ceste souueraine main, qui monstre la grandeur de ses merueilles en l'exaltation des petits, & au raualement des grands.

Sur l'arcade estoient posées les armes de reuerendissime & illustrissime Albert de Bellieure, Archeuesque & Comte de

Lyon, Primat des Gaules, & Conseiller du Roy en ses conseils, & celles de la grande Eglise de Lyon.

Icy la Royne changea de poyle, Monsieur l'Archeuesque reuestu des habits Põtificaux, & assisté de Messieurs les Doyens, Comtes, & Chanoines de l'Eglise Cathedrale receut sa Majesté, & luy dict en ceste sorte:

MADAME,

Il y a douze cens ans que Dieu a pris ce Royaume en sa garde & speciale protection, luy donnant successiuement de vertueux & prudens Roys qui l'ont gouuerné souz sa conduite & inspiration: Ce qui se recognoist en ce qu'il a renuersé les desseins, & quelquesfois la fortune de tous ceux qui ont essayé de l'esbranler. Ainsi pour la defence des Israëlites armant le Ciel d'esclats & de tõnerres, il desfit l'armee de ses ennemis: Ainsi a-il faict plouuoir ses graces sur nostre Roy, lequel ayant faict florir de toutes sortes de prosperitez, l'a voulu aussi douër pour l'accomplissemẽt de ses benedictions

d'vne

d'vne ſi vertueuſe Royne pour ſon eſpouſe, qui eſtant ſortie de la tres-illuſtre & genereuſe race de Medicis, nous repreſente non ſeulement la memoire, mais auſsi les vertus de ſon ayeul ce grand & vertueux Prince le grand Duc Coſme. La prudence, la vertu, la magnanimité ſont ſi naturelles à voſtre maiſon, qu'elles s'y ſont renduës qualitez inſeparables. Ce que outre l'obligation que nous auōs de rendre tres-humble ſeruice à voſtre Majeſté, nous remplit d'admiration & allegreſſe, addreſſant noz vœux & prieres à Dieu pour ſa proſperité & ſanté. Le temps des Alcions approche, que la Mer ſe rend calme & paiſible pour quelque petit nombre de iours, & maintenant nous eſperons l'aſſeurance de ceſt eſtat pour vne longue ſuitte d'années.

Monſieur le Chancelier qui auoit pris la peine d'eſtre l'interprete des autres ſur le Theatre de la Motte, ne ſe trouua pas icy pres de la Royne pour luy faire entendre ce que Monſieur ſon fils luy auoit dict, & neantmoins ſa Majeſté monſtra en ſa reſponce qu'elle estoit desja informée de la doctrine de la pieté & des merites de ce Prelat, n'ignoroit le rang & la reputation que ceste Eglise tenoit au Clergé de Frãce.

La comparaison des Alcions qui finit ceste harangue fut iugée ingenieusement belle & fort à propos, pour la commune esperance du bien & de la tranquillité que ce mariage donne à la France, & encores par le temps de l'entrée & du mariage de la Royne: car les Alcions esclouënt leurs petits sept iours deuant & sept iours apres la Brume, qui est le plus court iour de l'année au Solstice d'hyuer, & se rencontre enuiron l'onziesme de Decembre. Ces iours là sont appellez Alcionides, durãt lesquels la mer qui selon la rigueur de l'hyuer deuroit estre fort fascheuse & orageuse, se rend si calme & bonace qu'il n'y a plus seure ny pareille nauigation en toute l'année.

La Royne fust conduite en la grand Eglise où se chanta le *Te Deum laudamus*, & de là en l'Archeuesché, le portal de laquelle

quelle ne fust enrichy ny orné comme on l'auoit proposé.

Le lendemain que la Royne fust arriuée, monsieur le Preuost des Marchands auec messieurs les Escheuins & Officiers du Consulat luy offrit le present de la ville, & luy dit,

MAdame, si les forces estoient esgales à nostre desir, & que nous eussions autant de moyens que nous auons de volonté de vous seruir, au lieu des vazes d'or & d'argent que nous venons offrir à vostre Majesté, ce seroient autant de Prouinces, de Sceptres & de Coronnes, vous tenãt pour la plus grand Princesse qui soit auiourd'huy sur la Terre, & la plus digne de commander : mais vous aurez pour agreable ce que nous vous presentons, ayant plus d'esgard à nos volontez qu'à la valleur du present, considerant que nous ne vous pouuons rien donner qui ne soit desia vostre: car nos biens, nos personnes & nos vies sont à vous, lesquelles nous employerons tousjours aussi librement pour le seruice de vostre

Majesté, comme nous esperons que fauorablement elle s'employera enuers le Roy pour nostre soulagement.

La Royne attendit le Roy huit iours, il arriuat le soir du Samedy neufiesme Decembre, & le Samedy ensuyuant Monsieur l'Illustrissime Cardinal Aldobrandin Legat collateral de nostre sainct Pere entrat à Lyon, où il fust receu auec les honneurs conuenables à vne si grande & eminente dignité. Monsieur le Preuost des Marchāds le receut à la porte de la ville, où il luy presenta le poyle, & luy dit que si la France auoit esté iamais fauorisée du Sainct siege Apostolique, il faloit confesser que c'estoit specialement despuis le Pontificat de Clement VIII. lequel apres auoir moyenné ceste grande & miraculeuse Paix entre nostre Roy & celuy d'Espaigne, marié S. M. auec la plus belle, vertueuse & genereuse Princesse de tout l'Vniuers, il auoit encores tant de soing de c'est estat & coronne, voyant le feu allumé en Sauoye, qu'il enuoyoit

uoyoit la perſonne qu'il cheriſſoit le plus en ce monde, & qui luy eſtoit le plus neceſſaire pour l'eſteindre.

Cela merite vn autre diſcours comme la ceremonie & celebration du mariage qui ſe fit le dixſeptieſme du meſme mois en la grande Egliſe de Lyon. C'eſt aſſez dit ſur le ſujet de l'entrée.

FIN.

www.ingramcontent.com/pod-product-compliance
Ingram Content Group UK Ltd.
Pitfield, Milton Keynes, MK11 3LW, UK
UKHW022109260726
13993UKWH00001B/413

9 782329 497273